U0825353

JIYU HULIANWANG+ DE
DAXUESHENG SHUANGCHUANG JIAOYU SHIJIAN CHUANGXIN YANJIU

基于“互联网+”的大学生双创教育实践创新研究

王 鑫 著

中国纺织出版社有限公司

内 容 提 要

本书基于“大众创新，万众创业”的时代背景，以“互联网 +”大学生创新创业大赛为主线，按照“创新创业基本理论为指导，典型项目案例分析为主体，项目成功经验交流梳理为辅助，创新创业素质能力提升为目标”的基本写作思路。全书共分四个模块，包括基础理论、典型项目案例分析、实践提升及拓展学习。书中结合著者的多年双创教育及带学生参与比赛经验，围绕“创业机会识别与选择、团队组建与协作、方案设计及实施、策划文案写作与演示”等方面在实践中创新并总结经验。本书既可以作为高职院校学生、本科学生的双创教育及案例分析教材，也可以作为参加双创类比赛的培训资料与参考书。

图书在版编目（CIP）数据

基于“互联网+”的大学生双创教育实践创新研究／王鑫著．--北京：中国纺织出版社有限公司，2024. 8.
ISBN 978-7-5229-1962-1

Ⅰ. G647. 38

中国国家版本馆 CIP 数据核字第 2024V7Q681 号

责任编辑：罗晓莉　国　帅　　责任校对：王蕙莹
责任印制：王艳丽

中国纺织出版社有限公司出版发行
地址：北京市朝阳区百子湾东里 A407 号楼　邮政编码：100124
销售电话：010—67004422　传真：010—87155801
http://www. c-textilep. com
中国纺织出版社天猫旗舰店
官方微博 http://weibo. com/2119887771
三河市宏盛印务有限公司印刷　各地新华书店经销
2024 年 8 月第 1 版第 1 次印刷
开本：710×1000　1/16　印张：10. 25
字数：196 千字　定价：98. 00 元

前　言

本书在创新创业教育理念、教学方式、案例来源、实现途径、培养模式、教学效果等方面主要体现以下5大特色。

1. 专创融合

创新创业教育在高等学校各个学科与专业人才培养过程中占据重要地位。本书致力于让学生掌握必备的创新创业知识与技能，并自觉将其融入各自的主修专业学习中。通过专业知识与创新创业知识的相互渗透与融合，引导学生将所学知识应用于专业知识创新与创业社会实践活动中，以期产生积极且具有广泛影响力的科技创新应用方案、商业或社会转化成果。书中所选取和分析的案例，均来源于不同专业的优秀创新创业项目。通过将这些案例与专业理论有机结合，培养学生的专业知识转化能力及项目实践能力，助力学生快速掌握专业创新创业项目的策划、推介与实践技巧，系统掌握创业的核心要点。最终，培养具有学科特色与专业背景的复合应用型创新创业人才，为社会的科技创新与经济发展贡献力量。

2. 案例教学

本书在创新创业基础理论框架的指导下，积极推广源自创新创业优秀项目实践的案例分析，以帮助学生更深入地理解和吸收专业创新和创业知识。通过实践问题的创新分析与解决过程，帮助学生将理论知识灵活应用于实际，实现理论知识向综合素质的有效转化。在寻求创新性专业问题解决及操作性应用方案的过程中，致力于帮助学生培养和提升解决专业问题的创新创业素质和技能。

3. 理实结合

本书以“理论精要指导，强调项目实践，理论实践结合，达到学以致用”为编写原则，紧紧围绕“如何高效理解并开展创新与创业实践”组织内容。基于对创新创业类项目竞赛的简要梳理，构建起创业项目“前期准备策划设计——商业计划书制作与演示——项目评价分析要点”的基本框架，将创新创业的基本理论知识融会贯通并灵活应用于鲜活生动的大学生创新创业项目方案设计、展示、竞赛实践，以及创新创业项目的典型案例分析过程中。

4. 模式创新

本书致力于将创新创业教育深度融入高等院校各学科专业的人才培养模式改革及教育实践与理念创新中。为了响应高等学校对创新创业教育改革的深化需求，积极鼓励学生参与如“互联网+”“创青春”等具有广泛影响力的全国大学生创新创业竞赛等社会实践活动。通过这些活动，学生能够将所学的专业知识与创新创业实践紧密结合，实现以赛促学、以学促创的目的。此外，深化创新创业教育改革不仅有助于推动各个学科专业的人才培养模式创新，还能促进专创融合、科创融合、思创融合、产教融合。通过改革，我们希望能够引导并帮助学生将所学专业、创新创业知识与经济社会发展的需求趋势紧密结合，从而增强他们的社会担当与责任感，培养和提高他们的创新意识、创业精神、创造能力及综合素质。

5. 素质提升

本书深入剖析了创新创业的基本理论，并通过一系列典型的创新创业项目实践案例分析，结合这些项目成功的关键要素，系统地向学生传授了专业创新创业实践的核心要领和规律。同时，还积极依托全国范围内具有广泛社会影响力的创新创业竞赛及项目实践平台，鼓励和引导学生将理论知识与实践活动相结合，积极参与创新创业项目竞赛等社会实践活动。通过这些活动，学生不仅能够培养创新精神，激发创业热情，还能形成创意思维，提高创造能力，将所学专业知识灵活应用于科技创新、商业转化与社会发展中。此外，本书还强调了学生应深入分析和解决行业与社会发展中存在的痛点问题，从而提出具有学科专业背景的创新创业策划方案或实践成果。这种创新创业教育改革与人才培养模式的创新，旨在全面培养学生的创业精神、创新意识、创意思维和创造能力，持续提升学生的创新创业素质，为社会培养和输送具备“敢闯会创”精神的创新创业人才，为国家的创新创业事业提供坚实的后备力量。

感谢书中收录并评析的各个创新创业典型项目原创团队，项目评审专家的鼎力帮助和无私奉献；感谢各位参考文献作者分享的知识成果。感谢黑龙江省教育科学规划重点课题《基于教师企业项目的“创新创业课程”专创融合实践研究》（GJB1423391）、黑龙江省高等教育教学改革一般研究项目《基于赛创融合的创新创业课程实践路径探索》（SJGY20210526）、哈尔滨学院“专创融合”示范课程建设项目（2023ZC002）的支持。书中存在的不足之处，敬请各位读者多提宝贵意见与建议。我们会及时予以更正，不断提高本书质量与服务水平，与各位同仁互勉共进，积极、智慧地开展专创融合教育探索与人才培养改革，并获取更好的创新创业实践教学成果。

著者

2024 年 4 月 1 日

目　　录

模块一　基础理论

第一章　创新思维与方法

第一节　创新的内涵

创新是社会进步不可或缺的重要驱动力。那么，究竟何为创新，以及我们为何需要创新呢？本章将深入探讨创新的本质内涵，实现创新的方法和途径，以及创新在现代社会中扮演的关键角色。

从字面来看，“创新”意味着“创造新事物”。其英文“innovation”源自拉丁语，包含三个层面的意义：首先，更新，即对既有事物进行替代；其次，创造，即诞生出前所未有的事物；最后，改变，即对既有事物进行拓展或改造。在更宽泛的语境下，创新涉及突破常规，运用新的思维和方法解决既有问题，或提出并解决新兴问题。创新可以体现在技术革新上，也可以表现为思想、观念或方法的转变。举例来说，互联网和人工智能等技术的飞速发展，都是现代创新的杰出代表。

1912 年，约瑟夫 · A. 熊彼特（Joseph A. Schumpeter）在其著作《经济发展理论》中首次提出了“创新理论”。该理论涵盖五种情形：一是研发新产品；二是采纳新的生产方法；三是开拓新市场；四是掌握或控制原材料或半成品的全新供应来源；五是构建新的工业组织。值得注意的是，创新并不等同于创造。创造侧重于“首创”“第一”“无中生有”和“破旧立新”；创新建立在已存在的概念、想法和做法基础之上，着眼于“由旧到新”，并强调与原有事物的差异性。因此，在某种程度上，创新可以被视为创造的目标和成果。例如，黑白电视机的发明无疑是一种创造，因为它在之前根本不存在；彩色电视机的问世是一种创新，因为它在黑白电视机的基础上，通过科学理论和技术改造，演变成为一种全新的产品。

第二节　创新的意义

创新，即运用新颖的思维、方法和技术，对产品、服务或流程进行改进或创造。它是社会进步不可或缺的驱动力。自工业革命至当前的信息时代，历次重大的技术革新与社会变革均源于创新的推动。国务院颁布的《中国制造 2025》为技术创新确立了主导方向，旨在推动中国由制造大国向制造强国转变，其中数字化、网络化和智能化制造成为产业发展的关键指引。

随着全球新一轮科技革命、产业变革和军事变革的加速推进，科学探索在各个尺度上不断深化，以智能、绿色为特点的技术革命将引发国际产业分工的重大变革。颠覆性技术的不断涌现，正重塑全球竞争格局，改变国家力量对比，使创新驱动成为许多国家追求竞争优势的核心战略。我国既面临着难得的历史机遇，也面临着严峻的挑战。

党的十八大明确提出实施创新驱动发展战略，强调科技创新是社会生产力和综合国力提升的战略基石，必须将其置于国家发展全局的核心地位。创新驱动意味着创新成为引领发展的首要动力，通过与制度创新、管理创新、商业模式创新、业态创新和文化创新的深度融合，推动发展方式向依赖持续的知识积累、技术进步和劳动力素质提升转变，进而促进经济向更高级形态、更精细分工、更合理结构的阶段迈进。

《国家创新驱动发展战略纲要》提出了“三步走”的战略目标：第一步，到2020年进入创新型国家行列，基本建成中国特色国家创新体系，有力支撑全面建成小康社会目标的实现；第二步，到2030年跻身创新型国家前列，发展驱动力实现根本转换，经济社会发展水平和国际竞争力大幅提升，为建成经济强国和共同富裕社会奠定坚实基础；第三步，到2050年建成世界科技创新强国，成为世界主要科学中心和创新高地，为我国建成富强、民主、文明、和谐的社会主义现代化国家和实现中华民族伟大复兴的中国梦提供强大支撑。这是中央在新的发展阶段确立的立足全局、面向全球、聚焦关键、带动整体的国家重大发展战略。

在现实生活中，会遇到众多挑战。为了有效应对这些挑战，我们必须运用创新的方法和思维方式。通过创新，我们能够发现更为高效的解决方案，减少成本，并拓展新的领域。以互联网技术的发展为例，它不仅深刻改变了我们的生活方式，还催生了众多新产业和商业模式。其中，“互联网+”战略便是一种利用互联网平台和信息通信技术，将互联网与传统行业等各个领域紧密结合，从而在新领域中创造全新生态的战略。

为了贯彻党的二十大精神，我们必须按照党中央和国务院的决策部署，加快实施创新驱动发展战略，深化各项改革。在“互联网+”时代的大融合、大变革背景下，我们应充分发挥我国在互联网应用创新方面的综合优势，激发广大人民群众和市场主体的创新创业活力。通过线上与线下、传统与新兴、引导与规范的有机结合，我们应遵循“市场主导、包容创业创新、公平有序发展、优化治理方式、深化开放合作”的基本原则，在更广泛、更高层次、更深程度上推进大众创业、万众创新。这不仅能够打造新的经济增长引擎，还能进一步壮大新经济，为国家的持续发展注入强大动力。

在当今时代，创新活动无处不在，表现出各种各样的形式，以下是一些成功的经典案例。

（1）华为（Huawei）：华为是一家中国的通信和智能手机公司，以其创新技术和研发实力而闻名。华为推出了许多创新产品，如5G技术、智能手机和电信设备。

（2）阿里巴巴（Alibaba）：阿里巴巴是中国的一家电子商务公司，以其创新的商业模式和物流技术而闻名。阿里巴巴推出了许多创新服务，如淘宝、天猫和蚂蚁金服。

（3）腾讯（Tencent）：腾讯是一家中国的互联网巨头公司，以其多元化的业务和创新技术而闻名。腾讯推出了许多创新产品，如微信、QQ和在线游戏。

（4）谷歌（Google）：谷歌是一家专注于互联网搜索和广告的公司，以其创新技术而闻名。谷歌推出了许多创新产品，如Google搜索、Google Maps、Google Drive和安卓（Android）操作系统。

（5）特斯拉（Tesla）：特斯拉是一家电动汽车和能源公司，以其创新技术和环保理念而闻名。特斯拉推出了多款电动汽车，如Model S、Model X和Model 3，推动了电动汽车市场的发展。

（6）亚马逊（Amazon）：亚马逊是一家电子商务公司，以其创新商业模式和物流技术而闻名。亚马逊推出了许多创新服务，如Amazon Prime、Amazon Web Services和Alexa智能助手。

（7）奈飞（Netflix）：奈飞是一家在线流媒体服务公司，以其创新技术和个性化推荐而闻名。奈飞推出了许多原创剧集和电影，改变了传统电视行业的商业模式。

（8）苹果公司（Apple）：苹果公司以其创新产品和服务而闻名，如iPhone、iPad和MacBook。苹果公司的成功源于其对产品设计的关注、用户界面的简化以及对技术的不断改进。

（9）通用电气（GE）：通用电气是一家美国的跨国公司，以其创新技术和多元化业务而闻名。通用电气推出了许多创新产品，如航空发动机、能源设备和医疗设备。

（10）3M公司：3M公司是一家美国的多元化科技创新公司，以其创新产品和研发实力而闻名。3M推出了许多创新产品，如胶带、口罩和电子材料。

第三节　培养创新思维的方法

思就是想，维就是维度和秩序。思维就是大脑为了解决某个问题而进行的不同维度的、有秩序的思考。创新思维，又称创造性思维，是指发明或发现一种新方式用以处理某件事情或表达某种事物的思维过程。

培养创新能力，首先要保持好奇心：对世界保持好奇，勇于探索未知，是创新思维的源泉。其次要勇于挑战传统：不拘泥于传统观念和方法，敢于挑战权威，是创新的重要品质。再次要进行跨界思考：跨越领域界限，借鉴不同领域的思想和资源，能产生新的创意和解决方案。最后要付诸实践与反思：将想法付诸实践，并从中学习、反思，是提升创新能力的重要途径。

一、突破束缚创新思维的障碍

（一）创新思维的障碍

1. 思维定式

人们可能会不自觉地用已有的经验或习惯化的思维方式去思考，或者对权威人士的言行不自觉地认同和盲从，这限制了新的、不同的思维模式的产生。思维定式有三种类型：从众型、权威型、经验型。从众型思维定式使人失去自我意识，人云亦云；权威型思维定式使人失去挑战的可能，错误观点就没法纠正；经验型思维定式使人失去灵活性，看不到形势的变化。

2. 求稳情绪

人们往往追求稳定，内心深处不敢冒险。然而，机遇往往与风险并存，因此，求稳情绪可能会阻碍创新思维的发展。

3. 麻木心理

习以为常是人的思维本能，但这也可能导致人们进入一种近乎麻木的状态，失去对事物的好奇心。没有好奇心，很多创新就不会发生。

4. 标准答案

在寻求答案的过程中，人们可能会潜意识里认为，什么事情都有标准答案。然而，这可能会限制人们对问题的多角度、多层面的思考，阻碍创新思维。

5. 群体思考

在团队中，群体思考也是一种常见的思维障碍。它的表现是，否定少数人的意见、排斥来自外部专家的建议。这种思维方式可能会导致团队的创新能力下降。

要克服这些障碍，需要培养一种开放、包容、勇于挑战和尝试的思维模式，鼓励创新思维，并愿意承担由此带来的风险。同时，需要不断学习新知识，拓宽视野，增强对事物的好奇心，从而激发创新思维。

（二）创新思维的形态

1. 逆向思维

逆向思维是一种思考方式，它挑战已经被普遍接受的事物或观点。鉴于辩证法原则的普适性，逆向思维可以在不同领域和活动中展现其价值。在创新和发明过程中，逆向思维尤为重要。通过逆向思维，可以实现许多意想不到的成就。

2. 横向思维

横向思维是一种推动思考超越逻辑限制、拓宽视野范围的思维模式。它的特色在于打破领域限制，借助偶发性概念超越传统逻辑，从而激发创造性思维，产生更多新的想法、观点和事物。横向思维的方式包括横向移入，即将其他领域的优秀方法引入本领域；横向移出，即将本领域成功的方法迁移到其他领域；横向转换，即通过转化问题本身，而非直接解决问题来达到解决问题的目的。

3. 灵感思维

灵感思维来源于信息诱导、积累经验、联想升华、事业心催化等多方面的激发。通常，灵感的萌生有以下条件：首先，需要在特定领域积累充足知识；其次，要对某一问题进行持续深入的思考和研究；再次，在思考一段时间后，将问题搁置一边，放松头脑以激发灵感产生；复次，外部信息的刺激也有助于激发联想；最后，灵感涌现时要及时记录下来。正如科学家巴斯德（Louis Pasteur）所言："灵感更偏爱那些有所准备的头脑。"捕捉灵感不仅需要具备激发灵感的头脑，还需要掌握捕捉灵感的基本方法，即提前准备各种灵活快速捕捉的手段。比如苹果公司 Siri 的设计。Siri 是由苹果公司开发的智能语音助手，其灵感来源于一个简单的问题：人们是否可以通过语音控制手机？工程师们开始思考并开发了这个功能，最终诞生了 Siri。这个创新不仅改变了人们与手机的交互方式，还推动了人工智能领域的发展。另一个成功案例——谷歌的搜索算法。当谷歌创始人拉里·佩奇（Larry Page）和谢尔盖·布林（Sergey Brin）开始开发搜索引擎时，他们发现传统的搜索方法并不能很好地满足用户需求。于是，他们开始思考如何改进搜索算法，使其更加智能和准确。经过反复试验和改进，谷歌的搜索算法终于成为全球最受欢迎的搜索引擎之一。特斯拉的电动汽车也是灵感思维的产物。当特斯拉创始人埃隆·马斯克（Elon Reeve Musk）开始思考未来交通方式时，他意识到电动汽车可能是一个可行的选择。他开始研究电动汽车技术，并尝试将其商业化。经过多年的努力和创新，特斯拉终于成为全球领先的电动汽车制造商之一。这些事例表明，灵感思维可以来自日常生活中的各种情境和问题。当我们面对问题时，如果能够从不同的角度思考并寻找新的解决方案，就可能会产生灵感思维。因此，我们应该保持开放的心态和好奇心，不断探索和尝试新的事物，以激发自己的灵感思维。

4. 求异思维

求异思维即探索某一问题解决之道，是拓展观念、寻找方案的一种开放性思维方式，可以多方位、多视角、多途径地探寻解答之法，如一个物件多种功能、一道难题多种解答、一种理念多种路径等。求异思维呈现多样化形式，如打破线性或二维思维模式，运用立体思维进行观察与思考，从跨维度角度思考问题。运用丰富的想象力创造全新思路的想象思维，联系不同事物间的同类特征呈现的联想思维。从非研究领域获取启示，寻找新认识或创作，展现侧向思维。

5. 互联网思维

互联网思维是在“移动互联网+”、大数据、云计算等科技不断发展的背景下产生的，其是一种重新审视市场、用户、产品、企业价值链以及整个商业生态的思考方式。互联网思维包括三个层级：数字化层级，互联网是一种工具，可以提高效率，降低成本；互联网化层级，利用互联网改变运营流程，实现电子商务和网络营销；互联网思维层级，通过互联网对传统行业、商业模式和价值观进行创新改造。互联网思维的基本原则是平等，即认为人与人之间的地位应当是平等的。在一切皆可互联的条件下，人们可以自由主动选择自己的行为方式。

（三）创新思维方法

在长期的学习与社会实践中，人们已经创造和发展了很多创新方法，如试错法、头脑风暴法、综摄法、奥斯本检核表法、和田十二法以及形态分析法等。

1. 试错法

托马斯·爱迪生（Thomas Alva Edison）是一位杰出的发明家，其生涯涵盖了留声机、电灯、电话、电报、电影等诸多领域，总计拥有上千项创新发明。他深信，一个人的成就主要源于百分之九十九的辛勤努力和百分之一的灵感。以电灯的研发为例，爱迪生尝试了近 1600 种材料，进行了超过 7000 次的试验，耗时 3 年，日均工作时长高达 18 小时。正是这种坚韧不拔的精神和不懈的努力，使他最终找到了具有实用价值的灯丝材料，为人类带来了持久而稳定的光明。

李时珍，在长达数十年的医学实践中，深感古代药学典籍中存在诸多谬误，遂立志重新编纂一部精确无误的本草书籍。1552 年，李时珍广泛参阅了 800 余部医药及相关书籍，并多次离家外出，深入湖广、安徽、河南、河北等地进行实地考察，以收集各类药物标本及处方。在考察过程中，他不耻下问，虚心向渔夫、樵夫、农夫等民间人士请教，积累了丰富的药学知识。经过不懈的努力，他记录下了上千万字的札记，历经多年的艰辛付出，终于完成了这部总计 192 万字的药学巨著——《本草纲目》。这部著作的完成，不仅为后世的药学研究提供了宝贵的资料，更展现了李时珍严谨、稳重、理性的科学态度和对药学事业的执着追求。

2. 和田十二法

它是一种科学、实用的思维技法，基于奥斯本检核表法的基本原理，通过许立言、张福奎等学者的创新与发展，为人们观察、认识事物提供了一种全新的思考方式。这种方法不仅继承了奥斯本检核表法的优点，更在此基础上进行了大胆的创新，使这些技法更加通俗易懂、简便易行。通过按照这十二个“一”的顺序进行思考，人们可以开启创造性思维，获得深刻的启示和灵感，从而更好地解决问题、推动创新。

加一加：加高、加多、加厚、组合等。小学生发现，在上美术课时，需要同时携带调色盘和水瓶，这造成了一定的不便。为了解决这个问题，她提出了一种创新的设想，即将可伸缩的水杯与调色盘相结合，以实现涮笔和调色的双重功能。经过深思熟虑和反复试验，她成功地创造出了可涮笔的调色盘，这一创新的设计极大地提高了美术课的便利性。

减一减：减少、减轻、省略等。

扩一扩：扩大、放大、提高功效等。

变一变：变颜色、形状、气味、音响、次序等。

改一改：改不便、改不足之处。

缩一缩：压缩、微型化。有一名同学在学习的过程中，深感传统地球仪在携带上的不便，因此产生了创新的思考。他设想，若能在不使用时将地球仪进行压缩、变小，将极大提升其便携性。基于这一思路，他提出了应用塑料球制作地球仪的解决方案。这种地球仪在使用时可以通过充气展开，并放置在支架上，用户可以按照时针的不同方向进行旋转观察。在不使用时，只需将气体放出，即可实现地球仪的缩小，便于携带和存放。这一创新的设计思路，不仅解决了传统地球仪携带不便的问题，同时也展示了该同学在解决问题上的创新思维和实践能力。

联一联：原因和结果有何联系。经过科研人员的细致调查与分析，甘蔗田中的甘蔗产量异常增长50%的现象得到了合理解释。经过缜密排查，发现这一增产现象的根源在于田地里意外散落的水泥。科研人员通过深入研究，发现水泥中的硅酸钙成分能够有效改良土壤，从而促进了甘蔗的生长。在此基础上，科研人员进一步研发出了一种能够改良酸性土壤的“水泥肥料”，为农业增产提供了新的可能性。

学一学：模仿结构、形状、方法等。

代一代：用别的材料或方法代替。

搬一搬：挪为他用。

反一反：颠倒一下。

定一定：定标准，以提高工作效率。例如，药瓶上印有刻度，此举不仅便于患者准确量取药物剂量，而且能够省去单独制造量杯的成本，实现经济效益的提升。再如，十字路口设置的交通信号灯，通过明确的信号指示，有效规范了车辆的行驶秩序，保证了交通的顺畅与安全。这些设计均体现了实用性与效益性的完美结合。

这简练的十二字——“加”“减”“扩”“变”“改”“缩”“联”“学”“代”

“搬”“反”“定”，精准地概括了解决发明问题的十二条核心思路。

3. TRIZ 理论

以上传统的创新方法，尽管在某些情况下取得了一定的成效，但它们通常要求使用者具备深厚的经验和知识储备。1946 年，苏联科学家根里奇·阿奇舒勒（Genrich S. Altshuler，1926—1998）开始了对“发明问题解决理论”（TRIZ）的深入研究。当这些传统的创新方法与 TRIZ 相结合时，往往能够产生令人惊喜的效果。

发明的核心价值在于化解矛盾，针对既有技术体系中存在的问题提出解决方案。然而，在获得专利证书的大量专利中，亦存在诸多简单、无实际意义且类似常规设计的专利。为在海量专利中筛选出具有分析价值的专利，阿奇舒勒提出了一套评价专利创新性的标准。根据创新程度的不同，阿奇舒勒将专利分为五个级别，见表 1-1。

表 1-1　发明的五个级别

发明级别	创新程度	知识来源	试错法尝试	比例/%
第一级	对系统中个别零件进行简单改进的常规设计	利用本行业中本专业的知识	<10	32
第二级	对系统的局部进行改进的小发明	利用本行业中不同专业的知识	10~100	45
第三级	对系统进行本质性的改进，大大提升了系统的性能的中级发明	利用其他行业中本专业的知识	100~1000	18
第四级	系统被完全改变，全面升级了现有技术系统的大发明	利用其他科学领域中的知识	1000~10000	4
第五级	催生了全新的技术系统，推动了全球的科技进步的重大发明	所用知识不在已知的科学范围内，通过发现新的科学现象或新物质来建立全新的技术系统	>10000	<1

经过对五级发明的深入剖析，我们发现第一级发明实际上并未实现真正的创新。它仅仅是对现有系统进行了优化，未能解决技术系统中的核心矛盾，因此在评估其价值时，我们认为其不具备参考性。第二级和第三级发明截然不同，它们成功

地解决了技术系统中的矛盾，展现出了创新的特质。第四级发明虽然未能解决当前的技术问题，但它通过引入新技术替代了原有技术，为解决问题提供了新的路径。至于第五级发明，它借助科学领域的新原理和新现象，将现有技术系统推向了一个更高的层次。然而，由于其对工程技术人员来说难度较高，因此在实际操作中并不具备广泛的应用价值。

基于这样的分析，阿奇舒勒在庞大的专利库中筛选出属于第二、第三和第四级的专利，进行了系统的整理、研究、分析和归纳。通过深入挖掘这些专利背后的共同规律，阿奇舒勒最终提炼出了 TRIZ 理论，为工程技术人员提供了一套有效的问题解决方法和创新思路。

需要强调的是，在第一级发明和第五级发明中，均涉及“首次”出现的事物。然而，第一级发明仅限于复制自然界已经存在的功能，如竹筒、椰子壳、葫芦等可以“盛水”的功能，并通过不同的材料将其转化为产品。相比之下，第五级发明是指创造出自然界中从未存在过的新事物。其他发明级别是对第一级发明产品的逐步“升级与再造”。以杯子为例，带有盖子的杯子、不烫手的杯子可以视为第二级发明，它们仅对某一组件进行了改进；而带有内胆、密封饮嘴和杯盖的保温杯则属于第三级发明，涉及了多个组件的改进；至于第四级发明的杯子，则需要在“盛水”这一基本功能方面实现原理上的创新。

让我们通过以下两个例子走进 TRIZ 理论。

场景一：如何让毛毯飞起来。

（1）将问题分为现实和幻想两部分。现实部分——毯子，幻想部分——毯子飞起来。

（2）找到幻想部分不现实的原因。因为毯子比空气重，不具备克服地球重力的条件。

（3）如何帮助幻想部分变为现实。施加到毯子向上的力要大于毯子自身重力或者毯子的重量小于空气的重量。

（4）列出所有可利用资源。①环境资源：空气、风（高能粒子流）、地球引力、阳光和重力。②研究对象资源：毯子的形状和重量、材质（毯子中交织的纤维）。

（5）利用已有资源，基于构想，考虑可实施方案。

①毯子的纤维与太阳释放的粒子流相互作用可使毯子飞翔。②毯子比空气轻。③毯子在不受地球引力的宇宙空间。④毯子上安装了提供反向作用力的发动机。⑤毯子由于下面的压力增加而悬在空中（气垫毯）。⑥磁悬浮。

经过筛选，发现毯子比空气轻这个设想可以延续，在什么条件下，毯子会比空气轻？采用比空气轻的材料制作毯子。这样，问题就迎刃而解了。

场景二：自行车的进化历程（图 1-1）。

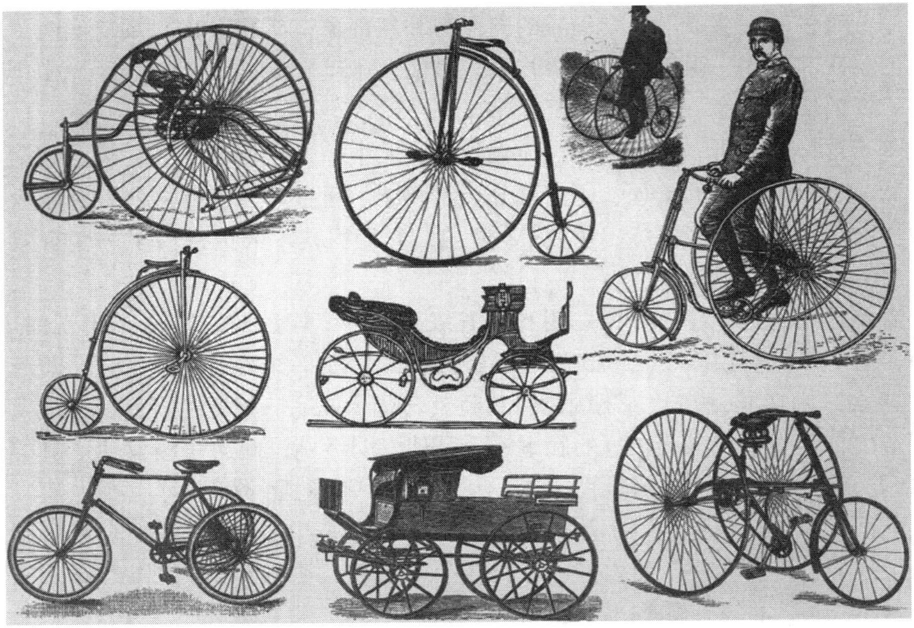

图 1-1　自行车的进化历程

自 19 世纪中期起，自行车的设计尚未引入链条传动系统，脚蹬直接与前轮轴相连。因此，自行车的行进速度与前轮的直径大小呈现出正相关的关系。为了追求更快的速度，人们尝试通过增加前轮的直径来实现。然而，过度增大前轮的直径会导致前后轮尺寸严重失衡，进而削弱自行车在行驶过程中的稳定性，极易引发摔倒事故。随后，工程师们开始致力于研究自行车的传动机制，最终引入了链条和链轮的设计。通过链条将后轮的转动传递到前轮，实现了前后轮大小相同，从而确保了自行车的平稳。

自 1946 年起，阿奇舒勒及其研究团队深入分析了全球范围内的上百万个专利，其中涵盖了 20 多万项高水平发明专利。基于这些研究，他们构建了一个全面而系统的“发明问题解决理论”，揭示了技术进化的普遍规律，并总结出了解决各类技术矛盾和物理矛盾的创新法则，即 40 个发明原理（Inventive Principle，IP）。这些原理被详细列在表 1-2 中。此外，阿奇舒勒团队还创建了一种理论体系——TRIZ，它涵盖了多种解决技术问题和实现技术创新的方法。在实际应用中，这些发明原理被证实为解决技术矛盾的高效且富有创造性的手段。

表 1-2　40 个发明原理及其规则

发明原理	实现属性转换的规则	发明原理	实现属性转换的规则
分割	产生新的属性（包含空间、时间、物质的分割）	抽取	抽取出有用的属性，去除有害的属性
局部质量	局部具有特殊的属性，确保相互作用中产生所需功能	增加不对称性	形状属性最佳化
组合（合并）	运用多种效应、属性组合成创新产品	多功能性（多用性、广泛性）	一物具有多种属性，运用不同的属性产生组合的功能
预先反作用	产生需要的反向属性	预先作用	形成方便操作的属性
预补偿（事先防范）	预防产生不需要的属性	等势	在重力属性场中稳定高度不变
反向作用	运用反向属性实现需要的功能	曲率增加（曲面化）	运用曲面形状的各种属性
动态特性	利用刚性—单铰接—多铰接—柔性—液—粉—气—场等的特有属性实现功能，提高灵活性	未达到或过度的作用	属性量值的选择性最佳化
空间维数变化（一维变多维）	空间属性的协调转换	机械振动	振动属性的运用
周期性作用	时间属性的协调转换	有益（效）作用的连续性	属性在时间维度上的稳定协调作用
减少有害作用的时间（快速通过）	属性在时间维度上的急剧协调作用	变害为利	运用有害的属性实现有用的功能
反馈	信息属性作用的利用，时间属性和时间流的作用	借助中介物	运用中介物的特有属性作用实现功能
自服务	运用物质自身的属性完成补充、修复的功能	复制	运用廉价的复制属性资源替代各种资源
廉价替代品	运用物质特有的廉价属性，确保一次性执行所需的功能	机械系统替代	运用光、声、电、磁、人的感官等新的替代属性，高效率地执行所需的功能
气动与液压结构	运用液压、气动属性实现力的传递	柔性壳体或薄膜	运用柔性壳体和薄膜的特有属性作用实现功能
多孔材料	运用多孔材料具有比重轻、绝热性等特有属性	颜色改变（改变颜色、拟态）	提高物质颜色属性的运用

续表

发明原理	实现属性转换的规则	发明原理	实现属性转换的规则
同质性（均质性）	运用相同的某个特定的属性	抛弃和再生	使物质随着某一功能完成而消失，或者获得再生
物理或化学参数改变	运用变、增、减、稳、测改变物质的各种属性，高效率地执行所需的功能	相变	运用物质相变时形成的某些特征属性的作用实现功能
热膨胀	运用物质的热膨胀属性实现功能	强氧化剂（使用强氧化剂、加速氧化）	运用强氧化的化学属性作用实现功能
惰性环境	运用化学惰性气体的特有属性改变环境	复合材料	组合不同属性的物质，形成具有优良属性的物质实现功能

4. 基本原理的应用领域

可能涉及多个领域和学科，以下是一些领域的基本应用。

（1）光学原理：应用在眼镜、望远镜、显微镜、摄影机、电影放映机、光纤通信等领域。

（2）电磁学原理：应用在电动机、发电机、变压器、无线电通信、雷达、电磁铁、磁悬浮列车等领域。

（3）热力学原理：应用在热力发动机、制冷机、空调、暖气、热力学测量仪器等领域。

（4）力学原理：应用在各种机械、建筑、桥梁、车辆、航空航天器、地震学等领域。

（5）化学原理：应用在制药、化肥、塑料、橡胶、油漆、燃料等领域。

（6）生物学原理：应用在医学、生物技术、农业、食品科学、生态学等领域。

（7）电化学原理：应用在电池、电镀、电解、电化学传感器等领域。

（8）量子力学原理：应用在量子计算机、量子通信、量子密码学、量子传感器等领域。

5. 应用实例

（1）分割原理——组合家具。分割原理在组合家具设计中的运用是一个复杂而重要的过程，需要考虑多种因素，包括功能、形式、材料、结构等。通过巧妙地运用分割原理，可以创造出既实用又美观的组合家具，满足人们的生活需求，提升生活品质。

对许多柜体而言，为了满足实际的功能使用要求并获得美的视觉感受，常常需要将柜体的立面作不同的分割，处理为柜门或抽屉。这些分割需要遵循美的构成法则，即分割的面与面之间应表现出明显的相似性与依存性。其中，“相似性”是指其比例相同，而“依存性”指其对角线相互平行或垂直。这样的分割设计可以使整体与部分、部分与部分之间具有良好的比例关系，从而获得美的造型感受。在组合家具的设计中，常见的分割类型包括等分分割和数学级分割。等分分割是将一个整体分割成若干相等而又相同的部分，这种分割方式简单易行，但可能会缺乏变化。数学级分割更为复杂，包括等差式分割和等比式分割等，这种分割方式可以根据需要进行更精细的调整，以获得更好的视觉效果和使用效果。

（2）预先作用原理——方便面的发明。方便面是由日本的食品科学家安藤百福（Momofuku Ando）发明的。安藤百福的创新灵感来自他对“二战”后日本食品短缺的深刻认识。在 1957 年的一个冬夜，他经过一家拉面摊，看到人群顶着寒风排长队就为吃一碗拉面，这让他深感需要有一种快速、方便且美味的食品来满足人们的需求。经过多次试验和失败，安藤百福最终成功发明了一种独特的制作方法。用水调和的面在油炸过程中会发散掉水分而形成无数洞眼，就像海绵一样，加入开水很快就会变软。将面条浸在汤汁中使之着味，然后油炸使之干燥，就能同时解决保存和烹调的问题。他把这种制作方法叫作“瞬间热油干燥法”，并拿到了方便面制法的专利。这种方便面只需注入开水就能立刻食用，极大地提高了食品的便利性。方便面的发明深刻地改变了人们的饮食习惯和生活方式，使其在短时间内风靡日本，并随后迅速传播到世界各地。如今，方便面已经成为人们日常生活中不可或缺的一部分，无论是日本的小吃摊还是世界各地的超市货架，都能看到它的身影。

（3）抽取原理——空中加油机。飞机长距离飞行时，需要携带大量燃油。起初，通过携带副油箱的方式得以实现。通过进化，将副燃油箱从飞机中分离出来，以空中加油机的形式给飞机加油。此时，由于飞机不需要携带副油箱，飞行重量降低，安全系数增高；同时，加油机可以携带比副油箱更多的燃油，大大提高了补充燃油的能力。

（4）反向作用原理——酒心巧克力。有位客人带着一份礼物参加朋友的晚宴。礼物是一种果汁巧克力糖，巧克力的中心是液态的果汁，大家都非常喜欢。吃着巧克力时，有位客人好奇地问道：“我很纳闷这种果汁巧克力的果汁是怎么装进去的？”“先做好巧克力，然后往里面灌上果汁，再封口。”另一位客人猜测道。“果汁必须非常稠，要不然会影响巧克力成型，”第三位客人说，“但是果汁不容易灌进巧克力中。通过加热是可以让果汁稀些，以便灌入，却会熔化巧克力。”现实中，酒心巧克力的制作是分为两个部分来完成的——制作酒心和制作巧克力外壳。首先将巧克力切碎，和鲜奶油混合，隔热水加热至巧克力完全融化，冷却后将酒心材料放入冰箱冷冻。然后将冷冻好的酒心取出，用融化的巧克力包裹住，确保酒心被完全覆盖，放入模具中，放入冰箱冷藏至完全凝固后脱模。这就完美解决了实际操作中的难题。

6. TRIZ 理论的应用过程分析

问题：在一条生产线上，机器经常出现故障，导致生产效率低下。

（1）问题描述：我们需要对问题进行明确的描述。在这个案例中，问题是生产线上的机器经常出现故障，导致生产效率低下。

（2）问题分析：我们需要分析问题的原因。可能是机器的设计存在问题，或者机器的维护不当，也可能是操作工人的技能不足。

（3）应用 TRIZ 工具：在这个阶段，我们可以应用 TRIZ 的工具和原则来寻找解决方案。例如，我们可以使用“因果链分析”来找出问题的根本原因。因果链分析可以帮助我们理解问题的发展过程，从而找到解决问题的关键点。

（4）生成解决方案：在找到问题的根本原因后，我们可以开始生成解决方案。在这个案例中，如果我们发现问题的根源在于机器的设计，那么可以考虑重新设计机器，或者使用更先进的机器来替代。如果我们发现问题的根源在于维护不当，那么可以考虑加强机器的维护，或者改变维护的方式。如果我们发现问题的根源在于操作工人的技能不足，那么可以考虑提供培训，提升工人的技能。

（5）实施解决方案：我们需要将解决方案付诸实施。在这个案例中，如果我们选择了重新设计机器，首先需要组织一支设计团队，进行机器的设计和优化。其次，我们需要制造新的机器，替换掉旧的机器。最后，我们需要对新机器进行测试，确保它能够正常工作，提高生产效率。

以上就是一个基于 TRIZ 理论的案例分析。通过这个案例，我们可以看到 TRIZ 理论如何帮助我们理解和解决复杂的问题。当然，实际的问题可能会更复杂，需要更深入分析和更多解决方案。但是，只要我们掌握了 TRIZ 的理论和方法，就能够找到解决问题的有效方法。

7. 创新思维的风险和挑战

虽然创新带来了无限的可能性，但同时也伴随着挑战和风险。①资源投入：创新需要大量的资源投入，包括人力、物力和财力。在资源有限的情况下，如何合理分配资源是一大挑战。②技术风险：新技术的发展往往伴随着不确定性。在探索未知领域时，可能会遭遇失败或挫折。因此，如何管理风险、应对失败是创新过程中必须面对的问题。③社会接受度：创新成果的社会接受度也是一个不可忽视的因素。例如，某些科技创新可能引发伦理道德问题，或者对传统产业造成冲击。因此，在推动创新的同时，也需要考虑到社会的接受度和影响。

总的来说，创新是一个复杂的过程，涉及多个方面和因素。它既是社会进步的动力，也是解决问题、开辟新领域的关键。然而，创新也面临着挑战和风险。因此，我们需要更好地理解创新的含义和重要性，培养创新能力，同时也要正视并应对创新过程中可能出现的挑战和风险。只有这样，我们才能在创新的道路上走得更远、更稳。

第二章　创业项目的挖掘

第一节　创业的内涵

创业是一个创业者利用机会，整合资源，向市场提供产品或服务，最终实现增值的过程。我国历史上很早就出现了创业理论雏形，范蠡，字少伯，生于春秋末期，楚国宛地三户邑。他虽出身贫寒，却天资聪颖，博学多才。因对楚国政治不满，他选择投奔越国，成为越王勾践的得力助手。在范蠡的辅佐下，勾践卧薪尝胆，成功复国，使越国成为春秋时期的强国之一。范蠡在功成名就后急流勇退，三次聚集财富，又三次散尽家财，历经三起三落。他最终选择寄情于山水之间，自号陶朱公，过上了淡泊名利、逍遥自在的生活。范蠡的传奇人生和卓越智慧一直为后世所传颂。

范蠡的经商智慧主要体现在以下 4 个方面：第一，他注重选择经商环境，善于把握市场变化。第二，他运用计然之术，根据时节、气候、民情、风俗等因素，灵活应变，顺应自然规律，把握商机。第三，他坚持贵出贱取的原则，即在商品价格高峰时果断出手，避免错失良机。第四，他注重薄利多销，以量取胜。第五，他深谙积著之理，合理储存商品，加速资金周转，确保货物质量上乘。范蠡不仅是历史上弃政从商的先行者，更是开创个人致富纪录的杰出典范。《史记》记载他“累十九年三致金，财聚巨万”，成为千百年来我国商人的经商楷模。

沈万三，本名沈富，世称万三，原籍浙江湖州，是元末明初的杰出商人。他的成功之路始于深耕农业生产，广置田宅。沈万三的经商智慧主要体现在以下 4 个方面：首先，他具备卓越的观察力和判断力。沈万三能够敏锐地洞察行业趋势和商机，并果断采取行动。例如，他曾一举收购苏州城半数的商铺，成功垄断了苏州的米店、珠宝行、瓷器店、竹木器店等市场，使其他商人望尘莫及。其次，沈万三擅长资本运作和财富管理。他深知要获取最大利益，必须学会利滚利，使财富不断增值。再次，他倡导差异化营销策略。沈万三坚持“人无我有，人有我优，人优我贱”的理念，致力于提供与众不同的商品或服务，或在提供相同商品或服务时超越竞争对手，甚至在价格上占据优势。这种策略有助于吸引消费者，扩大市场份额，奠定坚实的市场基础。最后，沈万三强调灵活变通的重要性。他认为货物价格并非固定不变，生意人必须灵活应对市场变化。商场如战场，随时可能发生变化，如果不能创新求变，很容易被市场淘汰。沈万三以周庄为基地，利用发达的水路交通进行商品贸易和流通，将内地的丝绸、瓷器、粮食和手工艺品等运往海外，同时将海外的珠宝、象牙、犀角、香料和药材引进中国，积极开展对外贸易活动。这些举措使沈万三迅速崛起为江南第一豪富，创造了令世人瞩目的商业奇迹。尽管沈万三因财富巨大而引发朱明王朝的不满，被迫充军云南，但他凭借丰富的经商经验，在茶马古道上将江南的丝绸等特产运往云南，甚至进入缅甸、印度等国家和地区，重获生机。至今，沈万三的经商理念仍对现代企业的经营和发展具有重要的启示意义。

一、经典蒂蒙斯创业过程模型

杰弗里·蒂蒙斯（Jeffry A. Timmons）被誉为“创业教育之父”。蒂蒙斯教授提出，创业过程的核心在于三个要素的协同与平衡，分别是商业机会、创始团队，以及资源。其中，商业机会是驱动创业进程的关键因素，它标志着创业活动的起点，远超过金钱、战略、社交网络、团队组合或商业规划的重要性。在创业初期，商业机会的辨识与把握，相较于资本规模、团队成员的才华与能力，以及可调配资源的适配性，均显得尤为关键。创始团队在创业过程中发挥着主导作用。他们需要在充满模糊与不确定性的动态环境中，展现出卓越的创造力，精准捕捉商机，有效整合各类资源，并制定出高瞻远瞩的战略。同时，他们还必须具备解决问题的能力，并在追求成功的过程中，展现出极高的勤奋度与牺牲精神。资源是确保创业成功不可或缺的支撑力量。

在创业的征途上，资源与商机之间呈现出一个不断适应、出现差距、再适应的动态演变过程。这一过程实质上是一系列持续的、连贯的、旨在达成均衡的行为集合（图 2-1）。虽然在这三大要素之间实现绝对均衡几乎是不可能的，但为了确保企业的持续进步，创业者必须致力于追求一种动态的、相对的均衡状态。当用这种均衡的视野展望未来时，创业者必须深入思考一系列关键问题：目前的团队是否具有领导公司未来成长的能力？公司的资源储备状况如何？下一阶段成功的道路上可能隐藏着哪些陷阱？这些问题在不同的企业发展阶段会以不同的形式出现，并直接关系到企业的长期可持续发展。

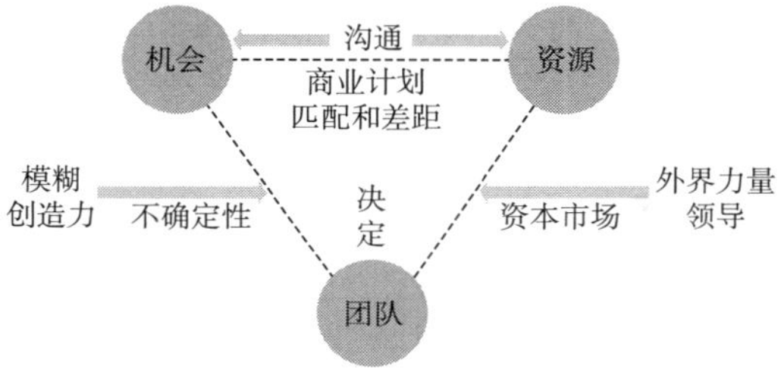

图 2-1　创业过程模型

二、创业伦理与社会责任

在管理学领域，创业伦理和社会责任是衡量企业可持续发展能力的重要指标。创业者在创业过程中应当始终牢记创业伦理及社会责任。首先，创业者应当遵循诚信原则，坚持诚实守信，不做虚假宣传，不欺骗消费者和投资者。其次，创业者要关注社会责任，积极回馈社会，推动社会进步，承担起对员工、客户、环境等各方的责任。此外，创业者应当尊重知识产权，遵守相关法律法规，不侵犯他人的创新成果。最后，创业者要持续关注企业的可持续发展，在追求经济利益的同时，也要考虑生态环境、社会资源的合理利用，努力实现经济效益与社会效益的双赢。总之，创业者的创业伦理及社会责任是创业成功的基础，也是实现可持续发展的关键因素。创业者的创业理论是指在创业过程中遵循的原则和思维方式。

（一）创业伦理

创业伦理研究的是创业活动中人与人的伦理关系及其规律，以及创业者应该遵守的价值观念、行为准则和规范。中华民族的历史文化中，有着丰富的经商伦理道德思想，如儒家思想倡导的“己所不欲，勿施于人”；道家思想倡导的“慎终如始，则无败事”；佛家思想倡导的万事万物皆在“舍得”之中成就自身，舍就是得，得就是舍。创业者走上创业之路，在追逐盈利的同时，必须重视伦理道德因素，将先进、正确的商业伦理融入初创企业文化建设中。

儒商鼻祖——端木子贡，本名端木赐，字子贡，春秋末期生于卫国，是孔子门下七十二贤士之一。尽管他出身儒家之门，却在商业领域展现出卓越的天赋。多年的经商历练，让他积累了雄厚的财富，对孔子及其门徒的周游列国活动起到了重要的经济支撑作用。孔子赞誉他为“瑚琏之器”，意指他具备辅佐君王、执政立朝的才能。子贡以其敏锐的商业头脑和雄辩的口才著称，善于处理复杂事务，曾任鲁、卫两国的宰相。他在孔子弟子中堪称首富，其财富和地位均十分显赫。司马迁在《史记·货殖列传》中对这位商业巨擘给予了高度评价，认可他在经济发展方面的贡献，以及他在仁义和诚信方面的修为。由于子贡复姓端木，后世称颂其遗风为“端木遗风”。司马迁将“端木遗风”的核心精神概括为“君子爱财，取之有道”的财富观念，强调了在追求财富的过程中，应遵循道义和诚信的原则。

商业巨族——乔致庸，字仲登，号晓池，系清代山西籍著名晋商，为乔家经商第四代代表人物。自乔家始祖乔贵发奠定基业，至乔致庸接手，经其精心运筹，乔家商业版图大幅扩张，成就商业世家之地位，因而乔致庸被誉为“亮财主”。乔致庸在商界展现出非凡的才智与决断力，策划并发展了乔家在包头的复盛公商号，逐步构建成庞大的复字号商业网络，几乎垄断包头商业市场，故有“先有复字号，后有包头城”之美誉。在光绪十年（1884 年），乔致庸顺应时代潮流，创立了影响深远的大德通、大德恒票号。乔氏商业在他的领导下遍布全国各大商埠及水陆码头，业务兴旺，财源广进，跻身商界巨擘之列。乔致庸坚信经商之要在于信、义、利，他注重信誉，以义待人，信义为先，追求正当利益。此外，乔致庸善于用人，这也是他商业成功的关键因素之一。

在实际经商过程中，诚信和品质是非常重要的。只有提供高质量的产品和服务，才能赢得客户的信任和支持，从而在激烈的市场竞争中脱颖而出。

1. 诚信经营

某创业者在经营自己的餐厅时，坚持使用新鲜、高质量的食材，并诚实地标注食品成分和来源。这样的诚信经营赢得了顾客的信任，建立了良好的口碑。华为始终坚持诚信经营，严格遵守国际和国内的法律法规。即使在面临国际政治压力和经贸摩擦时，华为也始终坚守诚信原则，不采取任何非法手段，赢得了国内外客户的广泛信任和尊重。Zappos 是一家在线鞋类和服装零售商，以其卓越的客户服务而闻名。创始人谢家华（Tony Hsieh）坚持以客户满意度为首要目标，即使这意味着牺牲短期利润。Zappos 的透明政策包括公开的公司文化和经营策略，这赢得了消费者的信任和忠诚。

2. 公平交易

支持公平贸易可帮助创业者在一定范围内树立良好的品牌形象，并吸引一群忠实的顾客。

3. 尊重员工

有一家科技公司的创业者非常注重员工的工作环境和福利。他们提供了灵活的工作时间、良好的薪资待遇和职业发展机会，这使员工对公司产生了强烈的归属感，工作效率也更高。娃哈哈企业创始人、原董事长宗庆后从一根小小的冰棍开始，打造龙头饮料企业。“那个时代没有人主动去做生意，我们主动了，后面就稍微好做一点。”宗庆后说。轻描淡写的背后，藏着他敏锐的商业嗅觉、大胆的营销手段、果断的改革措施，这也让他成为我国民营企业家“白手起家”的代表。他说：“信用是一切营销体系得以构筑的基石，商业上的信用关系需要利益机制保障。”得人心者得市场。宗庆后曾说，“娃哈哈经销商卖不掉的产品，可以直接退回厂家或者换货。”不让别人吃亏，敢于承担风险，为娃哈哈构筑了坚固的营销网络。娃哈哈多次在国家、社会需要之际伸以援手，地震等捐赠行列中都有娃哈哈的身影。创新创业者应该积极推动经济、社会和环境发展，以满足社会对可持续发展的需求。对于如何更好地利用新技术、如何合理使用资源等方面，创新创业者有责任提出合理化建议，让人们生活更加便利美好。创新创业可以创造新的岗位，促进就业，有助于社会的稳定和发展。创新创业者也应该关注到员工的安置和社会的就业问题。

（二）社会责任

它是指一个组织对社会应负的责任。一个组织应以一种有利于社会的方式进行经营和管理；它通常是指组织承担的高于组织自己目标的社会义务，而且超越了法律与经济对组织要求的义务；是组织管理道德的要求，完全是组织出于义务的自愿行为；是社会法和经济法中规定的个体对社会整体承担的责任，是由角色义务责任和法律责任构成的二元结构体系。创业者的社会责任是指他们在经营企业的同时，还需要对社会、环境、员工、消费者等多方面承担责任。这包括关注环境保护、公益事业等方面，实现企业与社会、环境的和谐发展。

近年来，随着创业热潮的兴起，一些创业者为了迅速获得成功，不惜采取不正当手段，如抄袭、欺诈等，严重违背了创业伦理。这些行为不仅损害了消费者的权益，也破坏了市场秩序，对创业环境造成了极大的负面影响。然而，也有一些创业者坚守创业伦理，凭借诚信、创新和努力，赢得了市场的认可和尊重。在社会责任方面，越来越多的创业者意识到，企业的成功不仅仅体现在经济效益上，更在于对社会的贡献。他们积极履行社会责任，关注环境保护、公益慈善等方面，通过实际行动回馈社会。例如，一些创业者致力于开发环保产品，推动可持续发展；还有一些创业者积极参与公益事业，帮助弱势群体改善生活。

企业创立之初，就应具有强烈创业伦理和社会责任感，就应坚守诚信为本的原则，致力于打造一个安全、诚信的营商环境。因为只有诚信经营，才能赢得用户的信任和支持，也才能实现企业的可持续发展。因此，在企业发展过程中，应始终坚持保护消费者权益，为行为树立良好的榜样。除应注重创业伦理外，企业也应非常重视企业的社会责任。因为企业的成功离不开社会的支持，企业应该积极投入公益事业，回馈社会。创立公益基金会，致力于教育、环保、医疗等领域的公益事业。倡导“让利于人，回馈社会”的理论，鼓励员工参与公益事业，为社会做出更多的贡献。企业还应关注全球问题，特别是教育领域的挑战，发起教育公益项目，如乡村教师计划，旨在提升偏远地区的教育质量，让更多的孩子能够享受到优质的教育资源。这些行为不仅可彰显企业的魅力，更可体现企业的创业伦理和社会责任感。企业应用实际行动证明创业不仅是为了追求经济利益，更是为了实现社会价值和造福人类。这些都告诉我们，作为一个创业者，应该坚守诚信、创新、服务的原则，积极履行社会责任，为社会的发展和进步贡献自己的力量。同时，我们也应该不断提升自己的创业能力和素质，为实现中国梦贡献自己的智慧和力量。

1. 公益项目

某些创业者会积极参与公益活动，比如为贫困地区的孩子提供教育支持，或者组织慈善义卖活动为弱势群体筹集资金。

2. 社区发展

有的创业者会投资于当地社区，改善基础设施、提供就业机会，促进社区的经济发展和社会进步。Tom's Shoes 由布雷克·麦考斯（Blake Mycoskie）创立，该公司采取“一买一赠”的商业模式，即每购买一双鞋，就会向发展中国家捐赠一双鞋。这种模式不仅帮助了需要的人群，也使 Tom's Shoes 在市场上脱颖而出，成为一个具有强烈社会责任感的品牌。

3. 环境保护

巴塔哥尼亚（Patagonia）是一家户外服装品牌，其创始人伊冯·乔伊纳德（Yvon Chouinard）非常注重环境保护。Patagonia 投资于可再生能源，使用回收材料，并鼓励消费者修复而非丢弃旧产品。通过这些措施，Patagonia 不仅减少了对环境的影响，还塑造了其作为一名负责任企业的形象。特斯拉的创始人马斯克的创业理念就是通过科技创新推动可持续能源的发展，减少对传统化石能源的依赖。特斯拉的电动汽车和太阳能产品，为减少碳排放和环境保护做出了积极贡献。就保护消费者权益方面，始终致力于提供高质量的产品和服务。当特斯拉汽车出现问题时，公司积极回应消费者关切，及时采取措施解决问题，保护消费者的权益不受侵害。

创业者的创业伦理及社会责任不仅关系到企业的长远发展，也影响着整个社会的和谐稳定。因此，在追求经济效益的同时，更要注重创业伦理和社会责任。只有这样，才能赢得市场的持久信任，实现企业的可持续发展，为社会的进步贡献自己的力量。

第二节 创意与能力培养

创业不仅需要捕捉机遇，更需要激发创意。若无恰当的创新点子，即便是绝佳的商业契机，亦可能与成功擦肩而过，无法为创业者带来预期的商业利益。因此，创业者必须精心构思并挖掘具有潜力的创意。唯有如此，方能牢牢把握创业机会。

创意，源于创造意识或创新意识，特指那些具备创业导向且富有创新性或原创性的想法与概念。然而，创意的商业价值并非一目了然，必须经过市场的检验。优质的创意需兼具新颖性、实用性和价值性，既能够转化为实际的应用，也能够为消费者创造真正的价值。

“创意思维”即大脑产生创意的过程，其核心在于创造性思维。它是现实世界中不存在，仅存在于人类思维中的创新产物。创意构思中的思维活动即创意思维，它与传统的逻辑思维形成鲜明对比，是一种非逻辑性的思考方式。它基于现有的知识，从特定的事实中发掘新关联、新答案，常常以突发灵光的形式呈现，成为推动创造性活动取得质的飞跃的关键。

创意思维融合了顿悟、直觉与灵感，这些元素往往带有随机性和突发性。例如，灵感的闪现往往建立在长期的勤奋努力和科学思考的基础之上，没有扎实的知识与实践经验作支撑，任何灵感的诞生都无从谈起。创意的显著特征在于其新颖性与独特性，它要求创意者不断深化思考、积极实践，广泛涉猎多学科领域，以提升知识素养和思维能力，最终实现创意的厚积薄发。

一、产生创意的方法

新创意的涌现与创业机遇的辨识，是一个兼具复杂性与微妙性的过程。创造力无疑是孕育优质创意的基石。普遍观点认为，创意多源于偶然间的灵感闪现，然而，实际上，创意亦可通过人为的刻意培育而诞生。创业者完全有能力通过持续的努力，来增强自身的创造力。在这一过程中，科学而有效的方法论是不可或缺的指引。概括而言，激发新创意的常见路径主要包括以下几个方面。

（一）怀疑否定法

关于酒心巧克力的制作故事。对如何处理夹心的问题，不同人提出了几种不同的方案，结果被一一否定，最后采取了先将果汁降温至冰冻状态，将一颗颗冰冻的果汁颗粒放入巧克力中，然后成型，随后冰冻的果汁会在常温下恢复液体的方法，就顺利完成了果汁巧克力的制作。

（二）联想思维法

联想是一种心理过程，即个体由某一事物出发，进而关联到另一事物，并产生相应的认知。这一过程受到所感知或思考的事物、概念或现象的激发，促使人们将头脑中的某一事物与另一事物相互联系起来，并将关于某一事物的思想或表象迁移到另一事物上。这种迁移不仅有助于形成创新的构想或方案，还是人们头脑中记忆与想象之间的重要纽带。通过联想，人们能够将记忆的多个片段相互连接，从而创造出新的思维路径和想法。

下面我们来分析一下 1984 年洛杉矶奥运会的经费筹集是怎样利用思维方法的（图 2-2）。在 1984 年之前，现代奥运会的举办常常导致严重的经济负担。以 1976 年蒙特利尔奥运会为例，该届奥运会亏损高达 10 亿美元。1980 年莫斯科奥运会的经费支出更是高达 90 亿美元。面对这样的经济压力，彼得·尤伯罗斯（Peter V. Ueberroth）运用其独特的商业思维，创新性地通过拍卖电视转播权、火炬传递接力权，以及引入赞助营销机制等方式，有效地扩大了奥运会的收入来源。同时，他极力压缩开支，充分利用现有设施，避免新建奥林匹克村，并招募大量志愿者参与大会工作。凭借这些举措，尤伯罗斯成功地使洛杉矶奥运会实现了 2.25 亿美元的盈利，成为近代奥运会历史上首个实现盈利的赛事。因此，他被誉为奥运会的“商业之父”。

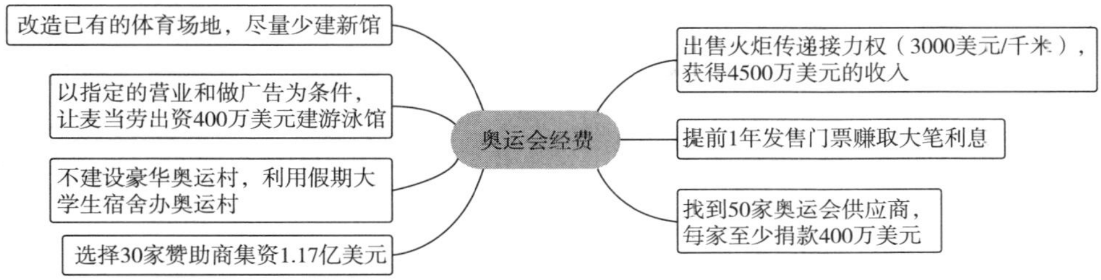

图 2-2　奥运会经费的思考

联想思维主要有以下几种类型。

1. 接近联想

联想是由时间上或空间上的接近性引发的不同事物之间的关联性。例如，橡皮头与铅笔的故事。有一个美国画家，他的家境贫寒，经常使用铅笔到了很短也舍不得扔，橡皮用到了很小也舍不得扔。一天，他在认真画一幅画，沉浸其中。但是当他发现画面上有错误要修改时，却找不到那块小小的橡皮。等他好不容易找到了橡皮，却又不知道那一小截铅笔扔到哪里去了。为了避免再出现这种麻烦，画家想来想去，用一根线将橡皮头与铅笔连起来。这种方式被画家的一个朋友看见了，于是又想出更好的办法：用铁皮将橡皮固定在铅笔的顶端。这种橡皮与铅笔合一的方法后来被申请了专利。

2. 相似联想

这种现象源于性质、外形、意义等方面的相似性引发的联想，如通过照片联想到照片中的人物等。

（1）对比联想。它是指因事物间存在的完全对立或某种差异而引发的联想过程。其鲜明的特点在于叛逆性、挑战性和批判性。

（2）因果联想。因果关系联想，指的是两个事物间存在的因果关联引发的思考联想。这种联想具有双向性，既可以从起因推导出结果，也可以从结果回溯到起因。爱因斯坦曾深刻指出：“想象力超越知识，其重要性不言而喻。因为知识终究有限，而想象力却能够囊括世间万物，是推动进步的不竭动力，更是知识进化的源泉。”在日本，松下电器旗下的熨斗部门因其深厚的历史和技术积淀而备受尊重。早在 20 世纪 40 年代，该部门便成功研发出日本首台电熨斗，为家电行业树立了里程碑。然而，随着时间的推移，至 20 世纪 80 年代，电熨斗市场逐渐陷入滞销困境，如何创新并赋予产品新的生命力，成为部门亟须解决的难题。在这关键时刻，被誉为“熨斗博士”的部门部长，积极寻求解决方案。他召集了数十位不同年龄段的家庭主妇，希望从实际使用者的角度出发，收集她们对电熨斗的需求和建议。经过深入的交流和讨论，一位主妇的发言引起了部长的极大兴趣：“如果熨斗能够摆脱电线的束缚，使用起来会方便很多。”部长立刻意识到了这一建议的潜在价值，并迅速组建了一支攻关小组，专门研究无线熨斗的可行性。最初，团队考虑使用蓄电池作为电源，但实验结果表明，这种方式会导致熨斗过于笨重，不便于操作。于是，研发人员开始深入观察和研究妇女熨衣的过程，发现她们在整理衣物时，经常会将熨斗暂时放在一旁。统计数据显示，一次熨烫的最长时间为 23. 7 秒，平均时间为 15 秒，而熨斗竖立不动的时间约为 8 秒。基于这些实际数据，攻关小组对蓄电熨斗的设计进行了优化。他们设计了一个充电槽，每次熨烫后将熨斗放入充电槽中，仅需 8 秒即可充满电。这一改进不仅大幅减轻了熨斗的重量，还使产品更加符合实际使用的需求。最终，这款新型无线熨斗成功问世，并迅速成为市场上的热销产品。这个简单的例子告诉我们，求异思维经常会产生意想不到的收获。

（三）小组聚焦法

小组聚焦法自 1950 年创立以来就被人们广泛使用。具体而言，小组聚焦法是由主持人带领一群人聚在一起进行公开深入的讨论，用不局限于主持人提问的方式来征得与会者的反馈，主持人则以直接或间接的方式集中该小组的讨论主题。一般来说，小组由 8~14 个人组成，每个成员都会接受其他小组成员的评论，以刺激其创造性地产生新产品的创意。

二、创意能力的培养

创造力在推动新知识、新产品以及其他各类进步中发挥了重要作用，对人类生活质量的提升具有显著影响。尽管创造力在很大程度上被认为是遗传的结果，但我们仍可以通过多种手段结合使用，激发和提升创造力。首先，我们应该积极创造机会，促进各种观点的交流与碰撞。团队成员应定期集会，各自分享所收集的素材及持有的观点，以增进彼此间的理解。这种交流不仅有助于信息的同步，还能让我们更全面地认识团队的多元性。其次，充分利用团队成员不同的思考方式至关重要。在寻求创意的过程中，我们应认识到，团队成员间的观点差异是一种宝贵的资源，而非障碍。团队领导者应激发并充分利用这些不同的观点。再次，鼓励因学习产生的争论亦是有益的。领导者应引导团队成员就具体问题展开讨论，甚至鼓励一定程度的冲突。通过这种方式，我们可以激发更出色的想法，最终形成的方案往往会超越各自原有的观点。最后，通过精心设计的环境，我们可以进一步促进团队成员间的交流与碰撞。

李锦记“蚝油”的故事源于其创始人李锦裳的一次意外发现。李锦裳早年因为家庭困境，从新会迁至南水定居，并开设了一家小食品店来谋生。南水历来以产蚝出名，而李锦裳在一次煮生蚝汤的过程中，意外地发现了一种鲜美的汁液。他灵机一动，如果将这种鲜美的汁液制成产品出售，一定会大受欢迎。经过反复试验和改进，他成功地发明了蚝油，并以自己的名字“李锦记”命名。蚝油一经推出，就因其独特的鲜美味道而深受人们喜爱，迅速征服了当地人的味蕾。李锦裳的蚝油熬制火候得当，浓度适中，使他的蚝油在市场上大受欢迎，不仅吸引了附近的百姓，还吸引了江门、石岐、广州、澳门等地的客商前来购买。然而，1902 年，李锦记蚝油庄与它所在的半条南水街在一场意外大火中化为灰烬，李锦裳的事业瞬间归零。面对困境，他并没有放弃，而是选择携妻带子到华侨和富裕人士更多的澳门寻求新的机会。在澳门，他凭借自己的才能和努力，重新开始了他的蚝油事业，并逐渐将其发展壮大。如今，李锦记已经成为一家享誉全球的企业，其蚝油产品以其独特的口感和品质赢得了广大消费者的喜爱。李锦裳的创业故事和坚韧不拔的精神也成为后人学习和传承的宝贵财富。

第三节　创业项目的发现

创业项目指创业者为了达到商业目的具体实施和操作的工作。创业项目分类很广，按照行业可以分为餐饮、服务、零售等门类；按照性质可以分为互联网创业项目和实体创业项目。从更大的范围来说，加盟一个品牌，开一间小店，实际上也算是一个创业项目。

一、挖掘创业项目的思路

创业思路是企业创造价值的核心逻辑。这一逻辑主要表现在层层递进的三个方面：价值发现、价值匹配、价值获取。

（1）价值发现：明确价值创造的来源。这是对机会识别的延伸。

（2）价值匹配：明确合作伙伴，实现价值创造。

（3）价值获取：制定竞争策略，占有创新价值。

二、项目案例

（一）案例一

自嗨锅是一个相对新的品牌，它在 2018 年 1 月进入市场，以自热火锅系列作为第一个品类。这个品牌以“自热火锅界真正的火锅”为核心理念，致力于通过创新的产品和营销策略，满足特立独行、拒绝恪守常规的互联网原住民的需求。自嗨锅自创立以来，就一直在加强品类品牌战略布局。一方面，它已经成功地打造了9个一级品牌和26个二级品类，帮助年轻人从厨房中解放出来，享受便捷的餐饮体验。另一方面，自嗨锅也加强了自有供应链的建设，已经建成了15座生产工厂，投资超过20亿元，总面积超过100万平方米。这些工厂实现了从预制菜主食材、包装材料到产品组装的全自建，通过提升效率推动消费升级。此外，为推动自热食品行业的可持续发展，自嗨锅还联合中国质量万里行促进会发布了《自热方便食品》团体标准，联合重庆标准化协会发布了《食品用发热包》团体标准等。这些举措都为自热食品行业的规范化、标准化发展做出了贡献。

自嗨锅不仅是一个商业品牌，也是一个承载着特定文化和历史内涵的符号。它代表着便捷、自由和独立的生活方式，也体现了人们对高效、高质量生活的追求。

（二）案例二

犀牛智造是一个利用新一代工业互联网和从消费者到生产者（C2M）服务的案例。依托阿里巴巴的购物大数据进行分析预测，为品牌商提供产品销售趋势。这种基于数据的预测方式提高了预测的准确度，使品牌商可以根据实际需求调整订单，降低了库存积压的可能性，从而减少了品牌商的库存压力和现金流压力。在生产过程中，犀牛智造采用“蜘蛛网”式吊挂设备，结合人工智能和物联网技术，将产能自动分配到空闲的工位，大大提高了生产效率，避免了传统制造中不同生产线产能分配不均的问题。故事的起点在2017年，当时阿里巴巴的新制造负责人伍学刚向时任阿里巴巴首席执行官（CEO）的张勇提交了一份关于新制造的立项申请，项目被命名为“啄木鸟”。伍学刚曾在优衣库、迪卡侬等全球供应链担任要职，他的专业知识和经验为犀牛智造的创立提供了坚实的基础。项目的保密性极高，甚至在项目进行的3年中，连伍学刚最亲密的同事也不知道其存在。这种高度的保密性可能源于项目的创新性和前瞻性，以及阿里巴巴对新制造领域的深度布局。2020年9月16日，犀牛智造平台正式亮相，同时集团旗下迅犀数字工厂也正式对外公布。这个新制造工厂以数据为核心，通过数据驱动和智能技术支撑，改变了传统制造业的以产定销模式，以满足瞬息万变的个性化需求，提高盈利，降低库存压力。犀牛智造的团队非常强大，由淘宝、天猫、阿里妈妈事业群总裁蒋凡担任董事长，伍学刚担任首席执行官，团队中有80%的成员是技术工程师。这种由强大技术团队支撑的制造业新模式，引起了广泛的关注和讨论。尽管犀牛智造初试点放在了服装业，但这个平台的影响力和潜力远超于此。随着技术的不断发展和市场的不断扩大，犀牛智造有望对传统制造业产生深远影响，推动制造业向更加智能化、个性化的方向发展。犀牛智造展示了阿里巴巴在新制造领域的深度布局和决心，也展示了技术如何改变和推动传统制造业的发展。

（三）其他领域的应用

1. 智能家居系统

这个案例展示了物联网技术和人工智能算法在家庭生活中的应用。智能家居系统通过连接各种家电、设备和传感器，实现了智能化的家居控制。这种创新为人们的生活带来了极大的便利。

2. 共享经济平台

共享经济平台通过互联网连接个人和企业，使他们能够共享或出租自己的资源、技能或服务。例如，共享单车和共享住宿平台，它们提高了资源的利用效率，降低了成本，同时也为人们提供了更多的便利选择。

3. 虚拟现实技术在教育领域的应用

虚拟现实技术利用计算机模拟出的三维环境，为用户提供身临其境的体验。在教育领域，虚拟现实技术被用于模拟实验、创造虚拟研究环境等，为学生提供了全新的学习方式。

4. 智能医疗设备

智能医疗设备利用物联网和传感技术，将传统医疗设备与互联网连接起来，实现远程监测和数据收集。这种创新使医疗服务更加便捷和高效。

总体来看，价值发现、价值匹配和价值获取是有效创业思路的三个逻辑性原则，在其开发过程中，每一项思考过程都不能忽略。新企业只有认真遵循了这一原则，才能真正开发出同时为顾客、企业和合作伙伴都创造经济价值的模式。创业思路使创业想法变得实际可行。

“互联网+”大赛中选择合适且正确的选题可能比盲目努力钻研更能看到成果。本章对以往几届“互联网+”大赛的获奖名单进行了高频关键词提取发现，获奖项目领域涵盖教育、医疗、环保、农业、智能制造、新能源等；项目名称中智能、平台、系统、技术、服务、解决方案等词汇出现频率较高。可以看出，项目领域行业广泛，各行各行都有创新的机会，但要想获奖，项目要能切实解决某些“卡脖子”的痛点问题，提供整体的解决方案等。

三、适合参加互联网比赛的创业项目

可以从以下三个方向尝试挖掘。

1. 从自身兴趣出发

可以从兴趣爱好、技能特长、经验积累或家族积累等出发，思考自己身边是否有适合做成创业项目的机会。多观看下舍友同学为什么发愁、每天都在抱怨什么，毕竟哪里有抱怨哪里就有机会。以第八届中国国际“互联网+”大学生创新创业大赛高教主赛道初创组金奖项目“试半工倍”项目为例，这就是一个家族背景+学校资源的项目，大家家里如果有相关行业从业者或资源也可以多加利用。

2. 从学长学姐出发

如果确实找不到并且想不出项目，那就加入已有的项目团队，在学校表白墙、相关比赛通知群多问问是否缺成员，先加入项目积累经验，厚积薄发。

3. 从学校老师出发

这是最好用也是大赛鼓励的方向，将学校实验室科研项目落地实践市场化，项目不缺技术，也不缺老师资源。可以多问问老师有没有正在开展的项目或课题，这类项目多和专业相关，加入后的成长也是巨大的。

四、适合落地的实体创业项目

互联网时代，网络用户逐渐年轻化，“80 后”“90 后”已成为互联网主力消费人群。如何把握用户特性，满足他们的个性化需求？如今，越来越多的大学生毕业后选择直接创业，或者在校期间就开始创业实践。不论你的具体情况怎样，如果你要创业，首先要选择好创业项目。

（一）大学生创业通常考虑的项目意向

（1）选择个人有兴趣或擅长或从事的人员少的项目。

（2）选择市场消耗比较频繁或购买频率比较高的项目。

（3）选择投资成本较低的项目。

（4）选择风险较小的项目。

（5）选择客户认知度较高的项目。

（6）可先选择网络创业（免费开店），后进入实体创业项目。

（7）选择民生行业进行创业。

（8）选择教育行业进行创业。

（9）选择加盟项目。

（10）选择新兴的行业。

（11）选择可以在家里创业的项目。

（12）选择没有在市场上出现的商机，或者在你的生活范围内没有大幅度覆盖的商业。

（二）大学生创业的推荐领域

1. 高科技领域

推荐商机：电子商务、软件开发、网站开发、网络服务、手机游戏开发等。

2. 智力服务领域

推荐商机：家教、家教中介、设计工作室、翻译事务所等。

3. 连锁加盟领域

推荐商机：动漫店、快餐业、家政服务、校园小型超市、数码速印站等。

4. 开店

推荐商机：高校内部或周边地区的餐厅、早餐店、咖啡屋、美发屋、文具店、书店等。

5. 技术创业

推荐商机：3D 打印、电子产品维修、广告服务、机械产品加工等。

第三章　团队组建

第一节　什么是创业团队

创业确实是一个充满挑战和困难的过程，无论是寻找合适的项目、筹集资金、开拓市场，还是寻找合适的人才，每一个环节都可能遇到难题。然而，从创业的本质来看，人无疑是其中最关键的因素。

首先，人是创业想法的发起者。一个好的项目或商业模式往往源于创业者的独特洞察和创新思维。这种洞察力和创新思维是创业者长期积累经验、不断学习、善于观察的结果，是其他人无法替代的。其次，人是创业资源的整合者。在创业过程中，无论是资金、技术、市场还是人才，都需要创业者有效整合。这需要创业者具备良好的沟通能力、协调能力和决策能力，能够将这些资源有效地整合在一起，形成合力。再次，人是创业团队的核心。一个成功的创业项目往往需要一支高效的团队来执行。作为团队的领导者，创业者需要具备良好的领导力和团队协作能力，能够激发团队成员的潜力，带领团队共同面对挑战。最后，人是创业风险的承担者。创业是一项高风险的活动，可能会面临资金损失、市场变化、技术风险等各种挑战。作为创业者，需要有勇气和决心去面对这些风险，并寻求解决方案。

因此，虽然项目、资金、市场和人才等都是创业成功的重要因素，但人是其中最关键的因素。只有具备创新思维、资源整合能力、领导力和风险承担能力的创业者，才能带领团队克服重重困难，实现创业成功。

综上所述，本章认为创业团队是指在创业初期（包括企业成立前和成立早期），由一群才能互补、责任共担、愿为共同的创业目标而奋斗的人组成的特殊群体，是为进行创业而形成的集体。

一、创业团队的重要性

在创业的旅程中，创业团队的重要性不言而喻。它不仅是成功的基石，更是将梦想转化为现实的强大引擎。首先，团队力量可以实现倍增效应。创业往往需要应对各种复杂和多变的情况，这远远超出了任何个体所能处理的范畴。一个团结且多元化的创业团队，能够将不同领域的智慧和经验汇聚在一起，形成强大的合力。这种合力不仅能够提供更全面的解决方案，还能在面对挑战时展现出远超个人能力的实力和效率。其次，承担共同愿景，激发无限潜能。当团队成员共同追求一个清晰且激动人心的目标时，他们会产生强大的内在动力。这种共同愿景能够将每个人的潜能充分激发出来，形成一股不可忽视的创造力。团队成员会为了共同的目标全力以赴，推动企业在短时间内取得显著的进展。再次，利用分工合作促进资源优化。一个优秀的创业团队懂得如何最大限度地发挥每个成员的长处。通过明确的分工和紧密的协作，团队成员可以专注于自己擅长的领域，实现资源的优化配置。这种分工合作不仅提高了工作效率，还减少了不必要的浪费和冲突，为企业的快速发展创造了有利条件。再次，团队内的创新和学习能力能够铸就竞争优势。在快速变化的市场环境中，创新和学习能力是创业团队不可或缺的核心竞争力。一个富有创新精神的团队能够敏锐地捕捉市场机遇，迅速调整战略和模式。同时，他们具备强大的学习能力，能够持续吸收新知识、新技能，不断提升团队的综合素质和竞争力。最后，通过风险共担与利益共享可以筑牢团队凝聚力。在创业过程中，团队成员通常需要共同承担风险和责任。这种风险共担的机制让每个人更加珍惜团队的成果，也更加注重团队合作和协作。同时，当团队取得成功时，成员们也能够共享利益和成果，这种利益共享进一步增强了团队的凝聚力和稳定性。

二、组建创业团队的方法

在创业的道路上，组建一个出色的团队至关重要。一个优秀的团队不仅可以共同推动项目的进展，还能够在困难时刻互相支持，共渡难关。那么，如何有效地组建一个创业团队呢？

1. 明确目标与愿景

首先，需要清晰地描绘出创业目标和愿景。这些目标和愿景应该具有明确性、可衡量性和可实现性。它们不仅是指引团队前进的灯塔，也是吸引志同道合的团队成员的关键。

2. 精准确定团队规模

根据创业计划和业务需求，精确地确定所需团队成员数量。初创公司通常需要小而精悍的团队，以便快速响应市场变化和客户需求。然而，随着公司的发展壮大，可能需要逐步扩大团队规模，以满足日益增长的业务需求。

3. 招募核心成员

在组建团队时，务必招募那些具有相关技能和经验的核心成员。他们应该是各自领域的专家，能够为创业项目提供关键的支持和推动力。这些核心成员应该具备创新能力、团队合作精神和领导力等关键素质。

4. 拓展团队的多元化

在招募了核心成员之后，可以开始寻找具有不同技能和背景的团队成员。这些成员可以为团队带来更多的观点和创意，从而增强团队的创造力和竞争力。同时，多元化团队还能够更好地应对各种挑战和变化。

5. 建立强大的团队文化

一个成功的团队需要强大的文化作为支撑。这种文化应该鼓励创新、合作和开放沟通。通过定期的团队建设活动和内部沟通会议，可以帮助团队成员更好地了解彼此，建立信任，形成共同的价值观和目标。

6. 提供持续的培训与发展机会

为了保持团队的竞争力和凝聚力，需要为团队成员提供持续的培训和发展机会。这可以通过定期的培训课程、在线学习资源或参与行业会议等方式实现。通过帮助团队成员提升技能和知识，不仅能够彰显他们的个人价值，还能够为公司的长期发展奠定坚实基础。

7. 建立高效的沟通机制

有效的沟通是团队成功的关键，应确保团队成员之间能够保持高效、透明和频繁的沟通。这可以通过定期的会议、在线协作工具和定期的项目进度报告等方式实现。同时，鼓励团队成员积极分享想法、提出建议和反馈问题，以确保团队能够及时应对各种挑战和机遇。

8. 激发团队士气与激情

激发团队士气与激情是保持团队稳定和高效运行的关键。为团队成员提供足够的激励和支持，让他们感受到自己的价值和重要性。这可以通过奖励制度、晋升机会和员工福利等方式实现。同时，鼓励团队成员积极参与团队合作和项目挑战，让他们感受到创业的激情和成就感。

第二节　创业团队角色

团队角色分配是团队建设和成功执行项目的关键步骤之一。一个成功的团队应该包含各种扮演不同角色的成员，以便能够充分利用每个人的技能和经验。以下是一些常见的团队角色分配及其职责。

1. 领导者（Leader）

负责整个团队的愿景、目标、战略和计划。领导者需要制定明确的目标，并确保团队成员明确各自的任务和职责。他们还需要监督团队的进度，并在必要时进行调整。

2. 执行者（Executor）

负责实施计划和任务。执行者需要按照领导者的指示，按时、按质完成自己的任务。他们通常是团队中最忙碌的成员之一，但他们的努力是团队成功的关键。

3. 协调者（Coordinator）

负责协调团队内部的关系和沟通。协调者需要确保团队成员之间顺畅沟通，并解决任何可能出现的问题或冲突。他们还需要协助领导者制订计划和时间表，并确保所有任务都得到妥善处理。

4. 创新者（Innovator）

负责提出新的想法和解决方案。创新者需要不断寻找新的方法和技术，以提高团队的效率和生产力。他们通常需要具备创造力和想象力，能够为团队带来新的灵感和方向。

5. 评估者（Monitor-Evaluator）

负责跟进团队的进度和结果，并提供反馈。评估者需要定期评估团队的绩效，以确保团队在实现目标方面取得进展。他们还需要提供建设性的反馈和建议，以帮助团队改进和提高。

当然，这只是一些常见的团队角色分配，具体的角色和职责可能会因团队的目标、规模和文化而有所不同。重要的是，领导者需要根据团队的实际情况和需要，合理分配角色和任务，以确保团队能够高效、有序地工作。

马化腾的创业团队被称为"难得的创业团队"，主要由他本人以及他的四位伙伴组成，分别是张志东、曾李青、许晨晔和陈一丹。他们在 1998 年的秋天共同注册了深圳市腾讯计算机系统有限公司。这五位创始人的 QQ 号据说是从 10001 到 10005。马化腾作为首席执行官（CEO），负责公司的整体运营和决策。张志东担任首席技术官（CTO），他在公司的技术开发和创新方面发挥重要作用。曾李青曾是首席运营官（COO），不过后来转为终身顾问的角色，尽管他已经退休，但他的经验和建议仍然对公司有重要影响。许晨晔是首席信息官（CIO），负责公司的信息管理和技术策略。陈一丹是首席行政官（CAO），他在公司的行政管理和文化建设方面发挥了关键作用。这个团队之所以被称为"难得的创业团队"，主要是因为在企业迅速壮大的过程中，他们能够保持稳定的合作，并且直到 2005 年，这五人的创始团队还基本保持这样的合作阵形。即使到了腾讯成长为一家大型公司后，其中四位创始人仍然在公司一线工作，这显示出他们之间的深厚信任和共同目标。此外，从股份构成来看，这五个人一共凑了 50 万元来创立腾讯，其中马化腾出资最多，为 23 万元。这种共同投资和创业的方式也进一步增强了他们之间的合作关系和共同利益。因此说，马化腾的创业团队是一个高度协作、互相支持、共同成长的团队，他们的成功不仅来自个人的才华和努力，也来自团队之间的默契和配合。

综上所述，创业团队的重要性不仅体现在其能够为企业带来强大的力量和智慧，更在于其能够激发团队成员的潜能、推动创新和学习、增强团队的凝聚力和稳定性。

因此，对于任何创业者来说，建立一个强大的创业团队都是至关重要的第一步。

第三节 组织架构

组织架构设计是把企业的任务、权力、流程和责任进行有效组合的一种活动。科学合理的组织架构能够大幅度提高企业的运行效率和经济收益。其内容包括工作或岗位设计、组织框架设计、职能设计、制度规范设计、组织协调设计、人员设计和激励设计等。

一、工作分析与岗位设计

工作分析是一个系统性的过程，旨在全面深入地了解企业的整体活动或工作，从而为管理活动提供与工作相关的详细信息。这个过程包括收集、分析和综合工作信息，是人力资源管理的基础，也是岗位设计的前提。具体而言，工作分析为岗位设计提供了以下关键资料：首先，是关于工作活动的信息，即实际发生的工作活动类型，如清洗、烹调等；其次，是关于个人行为的资料，涉及与工作相关的人类行为，如体能消耗、行走距离、写作能力等；再次，还包括工作中使用的工具、机器、设备及辅助器械的情况，以及用数量或质量反映的工作绩效评价方法；复次，还需考虑工作环境、进度和组织行为规范等相关条件；最后，还需要了解与工作相关的知识、技能及个人特征，如学历、训练背景、工作经验、性格、兴趣和身体特征等。这些资料的收集和分析，为岗位设计提供了全面的基础，有助于确保岗位设置的科学性和合理性。

岗位设计，这一环节是建立在对工作内容的详尽分析基础之上的。其目标在于优化工作流程，提升组织效率，并确保员工能在工作中获得满足感，从而激发其工作热情。岗位设计主要聚焦于三大方面：工作内容、工作职责和工作关系。

在这三大方面中，工作内容的设计尤为关键，它涵盖了以下五个维度：首先，是工作的广度，即工作的多样性。我们应致力于设计多样化的工作内容，使员工在执行任务时能接触到不同的工作内容，从而维持其工作兴趣。其次，是工作的深度。这意味着设计的工作应具有层次性，从基础到复杂，逐步提升，以便对员工的工作技能提出渐进性的要求。这样的设计能够增强工作的挑战性，激发员工的创造力和应对挑战的能力。再次，是工作的完整性。保证工作的完整性，让员工能看到自己的工作成果，感受到工作带来的成就感，这对于他们的工作动力至关重要。复次，是工作的自主性。赋予员工适当的自主权，能够增强他们的工作责任感，使他们感到被信任和重视，从而激发其工作热情。最后，是工作的反馈性。这包括来自同事和上级的反馈，以及工作本身的质量、数量、效率等反馈。这些反馈能够帮助员工全面了解自己的工作表现，引导他们正确的工作方向，激发他们追求卓越的动力。

工作职责设计涵盖多个关键方面。首先，工作责任是核心要素，它定义了员工在工作中需要承担的义务和压力范围，也就是工作负荷的划定。负荷的设定必须适中，过轻可能导致员工行为轻率和效率低下，过重可能损害员工的身心健康，引发不满和抗拒。其次，工作权力是与责任相对应的。责任越大，员工拥有的权力范围也应更广。若二者出现脱节，将不利于激发员工的工作积极性。再次，工作方法的设计也至关重要。这涵盖了领导对下属的管理方式，以及组织和个人的工作策略。由于不同性质的工作有其独特性，因此采取的具体方法也应有所不同。沟通机制也是工作职责设计中的重要一环，包括垂直沟通、平行沟通以及斜向沟通等多种形式。最后，协作是整个组织运行的关键。作为一个有机整体，组织由多个相互关联、相互制约的环节构成。任何一个环节的变化都可能对其他环节乃至整个组织的运行产生影响。因此，各环节之间必须保持紧密的合作与制约关系。

工作关系的设计同样重要，它涵盖了内部关系和外部关系两个方面。内部关系主要指的是员工与合作伙伴、上司及下属之间的关系，如协作关系和监督关系等。外部关系主要涉及与工作相关的客户、供应商、分销商以及税务部门之间的关系。

二、部门划分

部门划分是一种组织设计手段，旨在通过合理的方式将相关工作活动进行划分和组合，形成易于管理的组织单位，如部、处、科、室、组等。经过部门划分后，每个部门既代表一个特定的工作领域，也代表一个特定的权力领域。以下是常见的部门划分方法及其特点。

1. 按人数划分

这是一种简单直接的划分方式，即根据部门所需人力资源的数量来划分。其特点在于仅考虑人力因素，通常在企业的基层组织中应用较多，如班组人数的设定。

2. 按时间划分

常用于基层组织的部门设置。例如，许多工业企业按照早、中、晚三班制进行生产活动，因此部门设置也相应分为早、中、晚三班，以确保工作的连续性。

3. 按职能划分

基于生产专业化原则和工作或任务的性质进行部门划分。部门分为基本职能部门和派生职能部门。此方法有助于发挥员工的专业才能，提高各部门的工作效率。然而，可能导致部门间横向协调不足，影响对外部环境变化的反应速度。

4. 按产品划分

按照产品或产品系列组织业务活动。这种方法有利于提升专业设备的应用效率，促进部门内部协调，提高产品改进和生产效率。但可能导致产品部门独立性强而整体协调性弱，增加主管部门的协调和控制负担。

5. 按地区划分

适用于分布广泛的企业。当企业在不同地区运营且受到当地政治、经济、文化等因素影响时，此方法有助于因地制宜，适应市场变化，降低成本。然而，需要更多具备全面管理能力的人员，且最高层主管对各部门的控制可能更加困难。

6. 按服务对象划分

多用于高层主管部门下的一级管理层次。根据服务对象的需要划分部门，使服务更具针对性。然而，可能导致部分部门要求特殊待遇，增加与其他部门的协调难度。

7. 按工艺过程（设备）划分

将工艺过程划分为若干阶段或按大型设备划分部门。此方法的优点在于符合专业化原则，有利于充分利用专业技术和特殊技能。然而，可能导致部门间沟通协作困难，不利于全面管理人才的培养。

组织架构类别丰富多样，这些类别基于不同的维度和视角，帮助组织有效地实现其目标和使命。首先，从组织内部的结构划分来看，组织架构可以分为直线职能制、事业部制、模拟分权制、项目组、矩阵制和委员会制（图 3-1）。直线职能制组织架构注重直线指挥和职能部门的支持，具有明确的责任和权力关系。事业部制通过设立多个独立的事业部门，实现资源分配和独立核算，以更好地满足市场需求。模拟分权制在组织内部模拟市场竞争，激发员工的积极性和创造力。项目组是为了完成特定任务而组建的临时组织，具有灵活性和高效性。矩阵制通过纵横交错的权力关系，实现资源的共享和协同。委员会制通过集体决策和共同参与，提高决策的民主性和科学性。

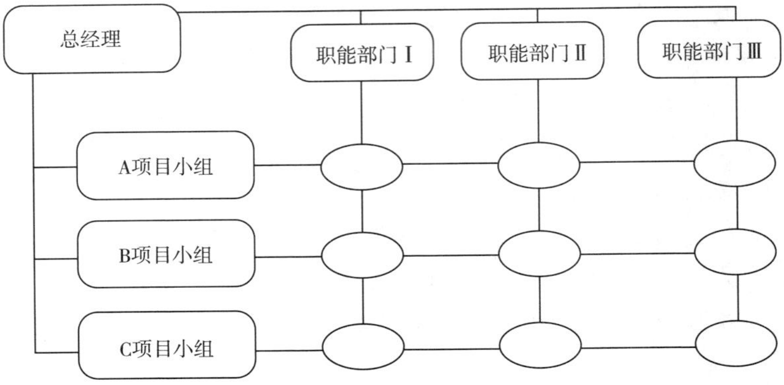

图 3-1　矩阵制组织架构图

其次，从企业或组织内部的业务功能划分来看，组织架构可以分为功能型组织架构、产品型组织架构、地域型组织架构、客户型组织架构和矩阵型组织架构。功能型组织架构按照职能部门划分，有利于专业化的管理和服务（图 3-2）。产品型组织架构强调产品创新和市场份额，注重产品的全生命周期管理。地域型组织架构根据地域特点划分，有利于针对不同市场制定营销策略。客户型组织架构以客户为中心，提供个性化的服务和解决方案。矩阵型组织架构结合了多个维度的特点，实现资源共享和协同。

最后，随着互联网的快速发展，网络型组织架构也逐渐成为一种新型的组织形式。网络型组织架构基于互联网技术，通过网络平台将分散的资源和人员连接起来，形成一个虚拟的组织。这种组织架构具有灵活性和开放性，能够快速响应市场变化和客户需求。

组织架构的类别多种多样，每种架构都有其独特的优点和适用场景。在实际应用中，企业或组织需要根据自身情况和需求，选择最适合自己的组织架构。同时，随着市场和技术的不断发展，组织架构也需要不断调整和优化，以适应新的市场环境和发展趋势。通过科学合理地设计和运用组织架构，企业或组织可以更好地实现其目标和使命，创造更大的价值。

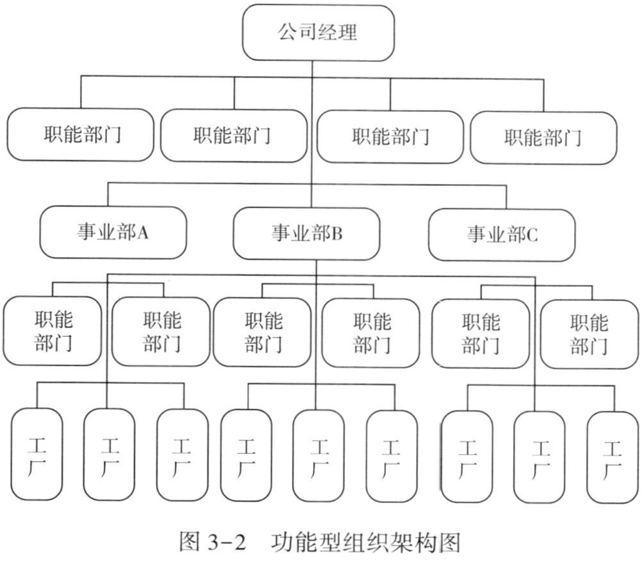

图 3-2　功能型组织架构图

第四章　财务融资与股权设计

第一节　创业启动资金

创业启动资金是创业成功的重要因素之一，合理的资金规划和来源选择对于企业的长期发展至关重要。创业启动资金是指创业者在开始创业之前，需要准备的一笔用于启动和运营新企业的资金。这笔资金通常用于支付开办企业的各种费用，如租金、设备购置、员工薪酬、市场营销、研发等。

在确定创业启动资金时，创业者需要制订详细的预算计划，以确保资金能够满足企业的初期运营和发展需求。同时，创业者还需要考虑资金的流动性和可持续性，以确保企业能够长期稳定发展。

一、创业启动资金的估算方法

创业启动资金的估算方法通常涉及多个方面的考虑，包括市场调研、业务规划、运营成本、预期收入等。以下是一些常见的估算方法。

1. 详细预算法

这是一种详细的估算方法，需要考虑所有可能的开支，包括租金、设备、工资、营销、保险、许可证费用等。这种方法可以帮助你更准确地预测启动资金需求，但也可能导致估算过高，因为一些细节可能会被过度考虑。

2. 简化估算法

这种方法更加简单，通常基于业务类型和规模，使用一些行业标准或平均数值来估算启动资金。例如，一些行业可能会有一个大致的估算公式，如“每平方米租金×所需面积+员工平均工资×员工人数+其他必要开支”。

3. 市场调研法

这种方法需要参考类似业务的市场数据，了解它们的运营成本、收入状况等，然后根据这些信息来估算自己的启动资金。这种方法可能更加接近实际情况，但需要注意的是，每个业务都有其独特性，不能完全依赖他人的数据。

4. 收入预测法

这种方法主要基于业务预期的收入来估算启动资金。首先预测业务在一段时间内的收入，然后减去预期的利润，剩下的就是需要的启动资金。这种方法的风险在于，如果收入预测不准确，可能会导致资金估算失误。

以上方法各有优缺点，可以结合使用，以获得更准确的估算结果。同时，创业者在估算启动资金时，还需要考虑一些不可预见的因素，如市场变化、政策调整等，以确保资金充足，成功应对各种可能的情况。

二、成本估算方法

成本估算在项目管理中扮演着至关重要的角色，它帮助团队预测和规划项目的经济需求。以下是几种常用的成本估算方法。

1. 类比估算法

这种方法基于以往类似项目的成本数据来估算当前项目的成本。通过参考相似项目的实际开销，可以对新项目的成本进行合理预测。这种方法简单易行，但精度可能受到过往项目与当前项目差异的影响。

2. 参数估算法

这种方法使用统计分析和数学模型来估算成本。通过收集和分析历史数据，可以建立成本估算模型，根据项目的特定参数（如规模、复杂度等）来预测成本。这种方法通常需要大量的历史数据支持，并且需要具备一定的统计分析能力。

3. 专家判断法

这种方法依赖于专家的经验和专业知识进行成本估算。专家根据对项目需求、技术可行性、资源需求等方面的了解，结合自己的经验进行成本预测。这种方法对专家的专业素养和经验要求较高，但可以提供较为准确的成本估算。

以上方法各有优缺点，适用于不同的情况和项目类型。在实际应用中，可以根据项目的特点和需求选择适合的方法进行成本估算。同时，为了提高估算的准确性和可靠性，可以结合多种方法进行综合分析和判断。

三、利润计算

利润计算是企业财务管理中非常关键的一环，通常涉及销售收入、成本和其他费用等因素。以下是一些常见的利润计算方式。

1. 利润=销售收入−成本

这是最常见的利润计算方式，其中销售收入指的是企业从销售产品或提供服务中获得的收入，而成本包括生产或销售产品所花费的所有费用，如原材料、工资、设备等。通过从销售收入中减去成本，企业可以计算出其获得的利润。

2. 利润率=利润÷销售收入×100%

利润率是企业利润与销售收入的比例，通常以百分比表示。通过计算利润率，企业可以了解其利润与销售收入之间的关系，以及企业盈利能力的强弱。

3. 毛利润=销售收入-商品成本

毛利润是指企业销售商品所得到的收入减去商品成本后的利润。商品成本通常包括直接材料成本、直接人工成本以及制造费用等。毛利润不包括其他费用，如销售费用、管理费用和税费等。

4. 净利润=总收入-总成本

净利润是指企业获得的总收入减去总成本后的利润。总收入包括销售收入和其他收入，而总成本包括商品成本、销售费用、管理费用、税费等所有费用。净利润是企业最终的盈利指标，反映了企业在一定时期内的整体盈利状况。

在进行利润计算时，企业需要根据自身的业务特点和会计准则选择合适的计算方式，并严格按照规定的程序和方法进行计算，确保数据的准确性和可靠性。同时，企业还需要关注利润的变化趋势和原因，以便及时调整经营策略和管理方式，实现更好的盈利和发展。

四、定价策略

定价策略是企业为了实现营销目标而采取的一系列价格决策和价格调整措施。定价策略的制定需要考虑多种因素，包括成本、市场需求、竞争环境、产品定位等。以下是一些常见的定价策略。

1. 成本导向定价策略

这种策略是根据产品的生产成本加上预期利润来确定产品价格。成本导向定价策略可以确保企业能够覆盖其生产和运营成本，并获得一定的利润。但是，如果成本高于市场接受的价格，这种策略可能导致销售困难。

2. 市场导向定价策略

这种策略是根据市场需求和竞争状况来确定产品价格。企业可以根据市场需求和消费者心理来设定价格，以确保产品能够吸引目标市场并促进销售。但是，市场导向定价策略可能导致企业忽略成本和生产效率，从而影响长期盈利能力。

竞品分析是一个非常重要的市场研究工具，它可以帮助企业了解市场中的竞争对手，明确自家产品的优势和劣势，以及找到提升市场占有率的机会。首先，确认竞争对手。需要明确谁是主要的竞争对手。这通常包括那些提供类似产品或服务的企业。在选择竞品时，要确保其与你的产品或服务在目标市场、功能、用户群体等方面有相似性。其次，收集竞品信息。通过各种渠道收集关于竞争对手的信息。这包括他们的产品特点、价格策略、市场份额、营销策略、客户服务等。此外，还可以考虑收集关于他们的财务状况、技术创新能力、管理团队等方面的信息。然后，分析竞品信息。将收集到的竞品信息进行详细的分析。这包括比较他们的产品和你的产品，分析他们的优势和劣势，以及他们的市场策略是否有效。可以使用 SWOT 分析（优势、劣势、机会、威胁）来帮助你进行这种分析。再次，理解竞品战略。尝试理解竞争对手的战略目标，以及他们是如何实现这些目标的。这可以帮助你了解他们的业务模型，以及他们如何在市场中定位自己的产品。最后，制定应对策略。根据竞品分析的结果，你可以制定一些应对策略。这可能包括改进产品、调整价格策略、改变营销策略，或者寻找新的市场机会。竞品分析是一个持续的过程，需要定期更新和重新评估。通过竞品分析，你可以更好地理解市场，发现新的机会，以及提升竞争力。以下示例为大学生创业在社交媒体行业的 SWOT 分析（表 4-1）。

表 4-1　大学生创业在社交媒体行业分析

项目 SWOT 分析	
优势（Strengths） 1. 创新思维和灵活性 大学生通常具备创新思维和快速适应变化的能力，这使他们能够在社交媒体行业中迅速把握市场趋势并进行调整 2. 技术熟练 大学生普遍对新技术和社交媒体平台有深入的了解，能够更有效地利用这些工具进行内容创作和推广 3. 低成本运营 由于大学生通常拥有较少的资金，他们更擅长在低预算下运营和扩张，这对于初创企业尤为重要	劣势（Weaknesses） 1. 缺乏经验 相较于小红书等成熟的社交媒体平台，大学生创业项目在品牌建设、用户运营等方面可能缺乏经验 2. 资源有限 大学生可能面临资金、人才等资源的限制，难以在短时间内实现大规模扩张 3. 难以持续创新 在激烈的市场竞争中，持续创新是保持竞争力的关键，而大学生可能面临创意枯竭的风险
机会（Opportunities） 1. 社交媒体市场增长 随着社交媒体的普及，市场仍有增长空间，为大学生创业提供了良好的发展机会 2. 用户需求多样化 社交媒体用户的需求日益多样化，这为大学生创业项目提供了细分市场和创新产品的机会 3. 政策支持 政府对于大学生创业通常给予一定的政策支持和资金扶持，有助于降低创业风险	威胁（Threats） 1. 竞争对手强大 小红书等成熟的社交媒体平台已经占据了市场领先地位，大学生创业项目需要面对激烈的竞争 2. 法规风险 随着社交媒体行业的监管日益严格，大学生创业项目需要关注合规问题，避免触犯相关法规 3. 技术变革风险 社交媒体行业技术变革迅速，大学生创业项目需要不断跟进新技术，否则可能面临被淘汰的风险

3. 价值导向定价策略

这种策略是根据产品所提供的价值来确定价格。企业可以通过提供高质量、高附加值的产品或服务来吸引消费者，并设定相应的价格。这种策略可以帮助企业建立品牌形象和忠诚度，但也需要确保产品确实能够提供足够的价值来支持高价。

4. 竞争导向定价策略

这种策略是根据竞争对手的价格来确定自己的产品价格。企业可以通过比较竞争对手的价格、质量和功能等因素来设定自己的价格，以确保在市场上具有竞争力。但是，竞争导向定价策略可能导致企业陷入价格战，从而损害长期利益。

五、投资回报率

投资回报率（Return on Investment，ROI）是一个用来衡量投资效益的指标，它表示企业从一项投资性商业活动的投资中得到的经济回报。这个比率是通过将企业的税前年利润（或年均利润）除以投资总额来计算的，然后乘以100%得到一个百分比形式的回报率。

投资回报率的计算公式为：ROI=（税前年利润/投资总额）×100%。这个比率越大，说明该部门用同样的资产获得利润的能力越强，投资效率越高。因此，投资回报率可以用来衡量投资中心的获利能力。同时，投资回报率也涵盖了企业的获利目标，因为利润和投入的经营所必备的财产相关，管理人员必须通过投资和现有财产来获得利润。

另外，值得注意的是，投资回报率往往具有时效性，因为回报通常是基于某些特定年份的。此外，虽然投资回报率是一个重要的指标，但它并不总是能完全反映一个企业的盈利状况，因为有些投资可能需要很长时间才能产生回报，或者可能会有其他非财务因素需要考虑。

总的来说，投资回报率是衡量企业投资效益的一个重要工具，但它需要结合其他财务指标和实际情况来进行综合分析和评估。

六、投资回收期

投资回收期（Payback Period）是指投资项目在正常生产经营条件下，用来收回项目总投资所需的时间。换句话说，它是使累计的经济效益等于最初的投资费用所需的时间。投资回收期可以分为静态投资回收期和动态投资回收期。

1. 静态投资回收期

它是在不考虑资金时间价值的条件下，以项目的净收益回收其全部投资所需要的时间。它的计算方式相对简单。如果各年的现金净流量相等，那么投资回收期就是原始投资额除以年现金净流量。如果各年的现金净流量不相等，那么投资回收期就是直到累计的现金净流量达到或超过原始投资额所需的时间。

2. 动态投资回收期

它更复杂一些，它考虑了资金的时间价值。在计算时，我们需要将投资项目各年的净现金流量按基准收益率折成现值，然后推算投资回收期。动态投资回收期就是净现金流量累计现值等于零时的年份。

投资回收期法的优点在于它的经济意义容易理解，计算简单方便，而且在一定程度上显示了资本的周转速度。然而，它也有一些缺点，如没有考虑资金的时间价值，以及只关注投资回收期，而忽略了其他年份的净现金流量。

总的来说，投资回收期是一个重要的财务指标，但它并不能完全反映一个投资项目的全部情况。在作出投资决策时，我们还需要考虑其他的因素，如项目的盈利性、风险性、流动性等。

七、财务预算

财务预算表是一种用于规划、控制和监督企业、组织或个人财务活动的工具。它基于预测和估计，展示了一段时间内（如一年、一个季度或一个月）的收入、支出、盈利和现金流等关键财务指标。财务预算表有助于确保企业或个人在财务上保持稳定，并为实现长期目标提供指导。财务预算表通常包括以下 4 个部分：

1. 收入预算

预测企业在一定时期内的收入，包括销售额、服务收入、利息收入等。收入预算是企业财务预算的起点，有助于确定企业在未来一段时间内的财务需求。

2. 支出预算

预测企业在一定时期内的支出，包括成本、费用、税款等。支出预算有助于企业控制成本、提高效率和盈利能力。

3. 盈利预算

根据收入预算和支出预算，预测企业在一定时期内的盈利状况。盈利预算有助于企业评估其盈利能力，为投资者、股东和利益相关者提供信心。

4. 现金流预算

预测企业在一定时期内的现金流入和流出，包括经营、投资和筹资活动的现金流。现金流预算有助于确保企业处于财务困境时具备足够的现金流来应对挑战。表 4–2 以半年为例展示了销售和成本利润计划。

表 4–2　销售和成本利润计划（半年）

项目		月份						合计
		1	2	3	4	5	6	
销售	含税销售收入							
	增值税							
	销售净收入 A							

续表

项目		月份						合计
		1	2	3	4	5	6	
成本	材料或进货费用							
	工资与薪金							
	促销费用							
	租金							
	公用事业费							
	维修费							
	运输费用							
	保管仓储费							
	包装费用							
	保险费							
	折旧和摊销费							
	贷款利息							
	其他费用							
	总成本 B							
附加税								
利润（A-B-附加税）								
所得税								
净利润								

（1）现金流量计划。现金流指的是企业在特定时期内现金及其等价物的流入与流出总量。现金被视为企业的生命线，唯有在持续流动的状态下，方能实现盈利并推动企业的稳步发展。若企业缺乏充足的现金流，将难以维持正常的运营活动，长期而言，这无疑会对企业的存续构成严重威胁。在评估企业经营状况时，不能仅仅依赖利润表作为唯一标准。历史上，许多国外大型企业即便在盈利阶段，也会由于流动资金不足而突然陷入困境，甚至破产，其根本原因就在于资金链的断裂。在企业的生产经营保持稳定，且投资与筹资规模未发生变动的情况下，现金净增加额的提升将直接增强企业的活力与竞争力。

案例一：在市场竞争激烈的商业环境中，一家名为美苏电器的公司，通过疯狂开店和扩大规模来寻求竞争优势。尽管在短期内，他们可能通过低价销售甚至亏损销售来吸引顾客，但他们的真正目标是获取现金流。通过延迟还款和扩大营业收入，他们能够在手中积累大量的现金流。即使在房地产市场不景气的情况下，他们也能够利用自己的金融贷款中心，通过放贷赚取高额利息。对于美苏电器来说，家电连锁开店和疯狂扩张并不是为了直接赚取利润，而是作为获取现金流的手段。他们明白，只要运作得当，现金流本身就可以产生更大的利润。

案例二：在一个海边小镇上，理发师、裁缝和鞋匠都处于生意萧条的困境。他们的顾客因为看到他们凌乱的形象而不愿意光顾。理发师首先意识到问题所在，他决定先投资自己，用仅剩的两块钱把自己打理得精神抖擞。他找裁缝补好了衣服，找鞋匠擦亮了鞋子。当顾客看到如此整洁的理发师时，便纷纷前来剪发。看到理发师的生意好转，裁缝和鞋匠也效仿他的做法，分别去理发和打理自己。最终，他们的生意都逐渐好转，小镇的经济也活跃起来。这个故事告诉我们，现金流量并不仅仅是金钱的流动，更是个人形象和信誉的体现。通过投资自己，提高自己的形象，可以吸引更多的顾客，从而增加现金流量。

这两个实例都强调了现金流量在商业和个人生活中的重要性。无论是企业还是个人，都需要有足够的现金流量来支持其运营和发展。通过合理的运作和投资，可以使现金流量产生更大的价值。

（2）现金流量分析。在创业计划的财务分析中，现金流量分析是至关重要的一环，主要通过两种方式进行：构建预计的现金流量表以及设计简洁的现金流量计划。现金流量表主要基于现金及其等价物的流动情况，旨在反映企业在特定会计期间内现金及其等价物的流入与流出状况，进而体现公司获取现金及其等价物的能力。然而，对于初创企业而言，现金流量表的编制难度相对较大，其实用性也有限。因此，创业者更倾向于通过制订简单的现金流量计划来评估创业项目的现金流状况。现金流量计划能够清晰地展示企业在每个阶段预期的现金流入与流出情况，并通过期末现金余额评估企业资金是否能够满足正常运营的需求。

为了制定出有效的财务预算表，企业需遵循以下步骤：首先，收集历史数据，通过对过去几年财务数据的分析，了解企业在不同经济和市场环境下的表现。其次，预测未来趋势，结合市场研究、行业分析以及竞争态势，预测企业在未来一段时间内的收入、支出及盈利趋势。再次，制定合理假设，基于预测数据和实际情况，为财务预算表设定合理的增长率、利润率、成本率等假设。此外，促进跨部门协作也是其中的关键一环，确保所有部门都参与财务预算表的制定过程，以提高预算的合理性和可行性。最后，定期评估和调整财务预算表的执行情况，随着市场环境和企业状况的变化，及时进行调整。

财务预算表作为项目财务规划的核心工具，通过制定、执行和评估预算，有助于企业实现财务目标、提高盈利能力并降低财务风险。

第二节　筹集启动资金的途径

创业启动资金的来源可以有多种，包括自有资金、借入资金、募集资金等。自有资金通常指创业者自己的储蓄或家庭财产；借入资金则可能来自银行、亲友或其他投资者；募集资金的途径有很多种，具体取决于你的需求、资源和创业阶段。以下是一些常见的筹集启动资金的途径：

一、自筹资金

这是最常见的方法，创业者可以通过自己的储蓄、出售资产或者向亲友借款等方式来筹集资金。

二、天使投资

天使投资通常是由个人投资者对初创企业进行投资，他们通常在企业发展早期就投入资金，并期望在企业成功后获得高额回报。天使投资人通常在特定行业或领域有专业知识和经验，他们可以为初创企业提供资金以外的支持，如商业建议、网络资源等。

三、风险投资

风险投资公司或基金会向具有高增长潜力的初创企业提供资金，以换取企业的一部分所有权和收益权。风险投资公司通常在企业后期阶段进行投资，并提供专业的指导和支持，帮助企业扩大市场份额、提高盈利能力。

四、银行贷款

通过向银行申请贷款筹集资金。这种方式通常需要提供一定的抵押或担保，并需要按照约定的期限和利率还款。

（一）创业贷款

创业贷款是专为那些具备生产经营能力或已投入生产经营活动的个人所设计的一种贷款方式。这类贷款主要满足借款人在创业或再创业过程中的资金需求。在提供有效担保并经过银行认可后，借款人可获得此类专项贷款。根据借款人的个人资源状况和偿还能力，最高可获得单笔 50 万元的贷款支持。对于创业规模达到一定标准的借款人，还可能获得更高额度的贷款。创业贷款的期限通常为 1 年，但最长不超过 3 年。为鼓励下岗职工创业，创业贷款的利率享受中国人民银行规定的同档次利率下浮的优惠，并有机会获得政府贴息的支持。

（二）抵押贷款

对于有创业意向的个体，可将个人消费贷款灵活运用于创业活动中。抵押贷款额度通常受限于抵押物评估价值的 70%，最高贷款额度可达 30 万元。若创业计划涉及购置沿街商业房产，可将拟购房产作为抵押，向银行申请商用房贷款。贷款金额一般不超过所购商业房产评估价值的 60%，且贷款期限最长不超过 10 年。对于创业者而言，不动产抵押贷款、动产抵押贷款以及无形资产抵押贷款等均为可选的融资方式。

（三）不动产抵押贷款

创业者如有土地、房屋等不动产，可作为抵押物，向银行申请贷款。对于动产抵押贷款，创业者可选择将股票、国债、企业债券等银行认可的有价证券，以及金银珠宝首饰等动产作为抵押，向银行申请贷款。

（四）质押贷款

个人贷款不仅可通过存单质押实现，还可利用国库券、保险公司保单等凭证轻松获取。具体来说，存单质押贷款额度可达存单金额的 80%，国债质押贷款则可贷至国债面额的 90%，而保险公司提供的保单质押贷款，其金额不超过保险单当时现金价值的 80%。质押物的选择范围广泛，包括存款单、国库券、提货单、商标权、工业产权等。创业者只需拥有这些权利作为质押物，即可向银行申请贷款。

（五）保证贷款

您若未持有存单、国债或保单，但您的配偶或父母拥有稳定且优渥的职业收入，这同样构成了一种可靠的信贷基础。目前，银行体系对于高收入群体表现出明显的偏好，特别是针对律师、医生、公务员、事业单位员工以及金融行业从业者等职业群体，他们被视为信用贷款的理想授信对象。这些行业的专业人士，仅需寻找一至两位同事作为担保人，便可在工商银行、建设银行等金融机构顺利申请到约 10 万元的保证贷款。在提交完整且符合要求的申请材料后，贷款审批流程通常能够在当天完成，从而能迅速为创业者提供所需的资金支持。

（六）贷款流程

经过严谨的市场调研与数据分析，我们发现，目前个人经营性贷款的主流利率依然维持在 4%以上，仅有少数银行提供的经验贷款利率能够低于这一水平。而在企业贷款领域，普惠型小微企业贷款的平均利率为 4.78%，这是基于 2023 年的统计数据所得出的结论。我们预计，2024 年的企业贷款利率将在这一基准区间内上下浮动。然而，需要强调的是，基准利率是由中国人民银行规定的，上述利率仅供参考。在实际操作中，银行贷款利率可能会根据借款人的信用状况、贷款期限、贷款金额等因素进行上下浮动。因此，我们建议借款人在申请贷款时，积极向银行咨询最新的贷款利率及相关信息，以便作出更为明智的决策。

1. 填写企业贷款申请书

申请书的构成应包括以下要素：

（1）企业基本概况，详细阐述企业的发展历程、组织架构、经营范围以及市场定位等。

（2）对企业法人代表的情况进行简要介绍，包括其教育背景、职业经历以及对企业的贡献等。

（3）明确申请贷款的数额、具体用途以及抵押物的情况，确保所有信息真实、准确。

（4）对本次投资项目进行收益预测，提供合理的预测依据和计算方法，以证明项目的可行性。

（5）提供企业的固定资产证明，包括房产、设备等资产清单及权属证明文件。

2. 贷款审批流程

（1）对借款人的信用等级进行评估，通过查阅征信报告、财务报表等方式，全面了解借款人的信用状况。

（2）对借款人的合法性、安全性、盈利性等情况进行调查，确保借款人符合贷款条件，贷款资金用途合规。

（3）按照审贷分离、分级审批的贷款管理制度进行贷款审批，确保审批流程的规范性和公正性。

3. 签订借款合同与贷款发放

（1）审批通过后，与借款人签订一式两份的借款合同，银行保存一份以便还款时核对。

（2）根据企业申请的贷款额度，按照合同约定及时发放贷款，确保资金到位。

4. 贷款跟踪与归还

（1）对借款企业的借款合同执行情况以及借款人经营情况进行追踪调查和检查，确保贷款资金的安全性和合规性。

（2）贷款到期时，要求借款人按时足额归还贷款本息。若借款人需要展期，应在借款到期日之前向银行提出书面申请，银行将根据实际情况决定是否同意展期。

五、众筹

借助互联网平台，得以向广大民众筹集资金。这一过程的实现，主要是通过向公众展示创业理念和详细计划，以期获得他们的认可与支持，进而吸引他们进行投资。在此过程中，众筹平台如天使汇、众筹网等扮演了关键角色，他们提供了高效、便捷的众筹服务。

《西游记之大圣归来》是利用众筹的一个成功案例。2014 年，那时这部电影已经制作了七年，但投资人面临着巨大的压力。电影出品人张路伟，毕业于中国人民大学金融投资专业，他决定在朋友圈里发起众筹，为电影筹集发行宣传经费。众筹的初衷并不仅仅是筹集资金，更是希望借助这种方式，让更多的人参与到电影的创作中来，共同见证这部电影的诞生。张路伟设定了 1 万元和 10 万元两个筹款单位，他的目标并不高，但他相信，只要有人愿意相信他、支持他，这部电影就有可能成功。众筹信息发布后，反响热烈。在短短四个小时内，就募集到了 500 多万元。一周后，这个数字增长到了 750 万元，这是由 109 名孩子的父母共同出资的。这些孩子也因此成为《西游记之大圣归来》的“众筹出品人”，他们的名字被永久地镶嵌在了电影的制片名单中。众筹不仅仅是一种筹集资金的方式，更是一种连接人与人，激发人们参与和创造的方式。它让更多的人有机会参与到电影的制作中，共同见证一部电影的诞生，这种参与感和归属感是无法用金钱来衡量的。这个案例让我们看到了众筹的力量。

六、政府资助

为了推动创业活动或特定领域的发展，部分政府部门或机构会提供创业资金或补贴。建议创业者关注当地或国家的创业政策，以了解是否有适用于自己项目的资金支持。这将有助于创业者获得更多的资金支持，进而实现创业目标。

全国各省直辖市大学生创业优惠政策：

（一）北京应届毕业生补贴政策

（1）对招用本市年度内高校毕业生的企业，按照最低社保补贴标准给予补贴，每人每月 1162 元，1 年近 14000 元；对今年招用本市高校毕业生的中小微企业，给予 6 个月的以工代训补贴，每人每月 1760 元。

（2）为进一步促进本市高校毕业生就业，毕业生一次性求职补贴标准为 1000 元/人。对外地应届毕业生，本专科学生每人每年最高不超过 8000 元，研究生每人每年最高不超过 12000 元的一次性创业补贴。

（3）灵活就业社保有补贴。对离校 2 年内未就业的高校毕业生灵活就业后缴纳的社会保险费，给予一定数额的补贴，补贴标准原则上不超过其实际缴费的 2/3，补贴期限最长不超过 2 年。

（4）为北京市经济发展作出贡献的商人，如符合相应条件可在北京落户。

（二）北部——黑龙江

税收优惠政策：①大学生创办小微企业月销售额（或营业额）不超过 3 万元的

增值税小规模纳税人和营业税纳税人，免征增值税和营业税。②3 年内按每户每年 9600 元为限额，依次扣减其当年实际应缴纳的营业税、城市维护建设税、教育费附加、地方教育附加和个人所得税。③符合条件的给予按 20%的税率征收企业所得税，年应纳税所得额低于 20 万元（含 20 万元）的按 20%税率缴纳企业所得税的基础上，其所得按 50%计入应纳税所得额。

创业担保贷款和贴息支持：①对符合条件的创业大学生提供 2 年期一般额度为 10 万元的财政贴息贷款。②对合伙经营和组织起来创业的，按人均 10 万元、实际贷款人数和额度分别给予为期 2 年的小额担保贷款，财政部门按规定给予全额贷款贴息。③对高校毕业生创办的小微企业，当年新招用各类就业困难人员达到企业员工 30%（超过 100 人的达到 15%）以上、并与其签订 1 年以上劳动合同，给予为期 2 年、最高不超过 200 万元的小额担保贷款，财政部门按贷款基准利率的 50%给予贴息。

创业补贴政策：①学生在哈尔滨市创业的，按照省种子资金管理办法规定条件，对于其创业项目给予 2000 元的一次性创业项目补贴。②对返乡到农村（乡镇及以下）创业的大学生可申领 3000 元一次性创业项目补贴。以上二项不重复申领。③大学生创业带动就业奖励：对于创业带动就业 10 人以上的大学生创业企业给予 5000 元的奖励。④大学生创业项目入库征集费：对于经评审符合入库条件被纳入大学生创业项目库的给予项目负责人 1000 元的项目征集费。

大学生创业大赛获奖项目奖励：①大学生创业大赛获奖项目，进入市场运作或完成中试的，设立特等奖 1 名、一等奖 1 名、二等奖 3 名、三等奖 6 名，奖金分别为 3 万元、2 万元、1.5 万元和 1 万元。②于创意或研发阶段的，设立一等奖 1 名、二等奖 3 名、三等奖 6 名、优秀组织奖 20 名，奖金分别为 1.5 万元、1 万元、8000 元和 5000 元。

享受培训补贴：对高校毕业生在毕业学年（即从毕业前一年 7 月 1 日起的 12 个月）内参加创业培训的，根据其获得创业培训合格证书或就业、创业情况，按规定给予培训补贴。

成果转化补贴：大学生在校期间参与教师科研项目或自己研究取得发明专利成果，其创业成果转化成功的，可利用省科技成果转化引导基金，按照技术交易额的 10%，给予不超过 20 万元的资金奖励。

经费资助：对科技含量高、市场潜力大、能在短时间内形成经济增长点的优秀和重点科技创业项目，经评审给予 20 万～30 万元经费资助；开展大学生创业大赛与大学生创业典型评选活动，大力扶持网络创业。

（三）吉林省大学生自主创业的优惠政策

根据吉林省人民政府《关于促进全民创业的若干政策》及《关于促进高校毕

业生就业的若干政策》文件，吉林省政府为自主创业的高校毕业生提供了多项优惠政策，具体政策内容如下：①对注册资本在50万元以下的公司制企业，允许注册资本零首付，6个月内注册资本到位20%，其余部分2年内到位。②高校毕业生自主创业的，2年内免收劳动人事代理费，可比照灵活就业困难人员享受不超过3年的社会保险补贴，免费享受创业项目、创业培训、信息咨询等联动服务。③对人力资源和社会保障部门认定确有资金困难的创业者，经贷款人同意，10万元以下贷款可免担保。④毕业2年以内的高校毕业生从事个体经营的，除国家限制的行业外，自工商行政管理部门登记注册之日起3年内免交登记类、管理类和证照类行政事业性收费，可按规定享受税收优惠。⑤高校毕业生自谋职业或自主创业的，可比照灵活就业困难人员享受不超过3年的社会保险补贴；对参加创业培训的，可按规定给予创业培训补贴。⑥高校毕业生创办的年主营业务收入50万元以下的小企业，3年内免收和暂停各类收费，并按照企业实缴地方税额的一定比例给予补贴，最高补贴额度为2万元。⑦在当地公共就业服务机构登记失业的高校毕业生，自主创业、自谋职业自筹资金不足的，可向人力资源和社会保障部门申请5万元以内小额担保贷款，对合伙经营或组织起来创业的，可适当扩大贷款规模，符合规定的微利项目，可享受贴息扶持。

（四）直辖市——上海

（1）注册公司零首付政策。根据相关的政策规定，上海高校毕业生可以持身份证和大学毕业证到相关的部门进行登记，以零首付的方式创办属于自己的创业公司。由于大学生没有经济基础，所以在各项登记费用上免费，并且注册资金可以宽限到2年内到位。

（2）税收减免政策。根据相关文件规定大学生从事个体经营的创业，那么在3年内按照一定额度依次扣减当即应缴的营业税，城市维护建设税或者是教育费等个人所得税，以此来鼓励大学生创业。

（3）三年行动计划。上海将小额担保扶持范围扩大，到创业的3年以内担保金额最高可达100万元，同时10万元以下的小额贷款免于个人担保，并且根据创业期间吸纳劳动力的情况给予贷款贴息的扶持。同时，各个地区的政府也成立了相关的专项资金，用来给予融资支持。

（4）财税补贴。在创业的18个月内，符合条件的给予有关房租、社会保险以及贷款担保的各项支持。可以根据吸纳就业的情况进行创业补贴，如果从事个体经营则自登记起三年内可以免收登记类的事业性收费。

（5）天使基金。如果大学生创业有意向就可以向基金提出申请，就会拥有5万~30万元不等的基金资助，如果创业的企业发展大一点，就可以把钱还上。如果亏损了，基金也不会强力收回投资。

大学生创业是非常受关注的，所以每个城市和地区都有相应的政策鼓励大学生进行创业，不仅可以促进社会的发展，同时也能带动国家不断进步。

（五）中部非长三角地带——安徽高校毕业生自主创业政策

（1）税收优惠政策：持人社部门核发《就业创业证》的高校毕业生在毕业年度内创办个体工商户的，可按规定在3年内以每户每年14400元为限额。依次扣减其当年实际应缴纳的增值税、城市维护建设税、教育费附加、地方教育附加和个人所得税。

对高校毕业生创办小微企业的，可按规定享受小微企业普惠性税费政策；创办个体工商户的，对其年应纳税所得额不超过100万元的部分，在现行优惠政策基础上减半征收个人所得税。

（2）担保贷款和贴息政策：①创业担保贷款和贴息支持：可在创业地申请创业担保贷款，最高贷款额度为50万元，对符合条件的个人合伙创业的，可根据合伙创业人数适当提高贷款额度，最高不超过总额的10%。对10万元及以下贷款、获得设区的市级以上荣誉的高校毕业生创业者免除反担保要求。对高校毕业生设立的符合条件的小微企业，最高贷款额度提高至300万元，财政按规定给予贴息。②创业担保贷款申请程序：申请创业担保贷款贴息支持的个人和小微企业应向当地人力资源社会保障部门申请资格审核，通过资格审核的个人和小微企业，向当地创业担保贷款担保基金运营管理机构和经办银行提交担保和贷款申请，符合相关担保和贷款条件的，与经办银行签订创业担保贷款合同。

（3）资金扶持政策：①免收有关行政事业性收费：毕业2年以内的普通高校毕业生从事个体经营的，3年内免收管理类、登记类和证照类等有关行政事业性收费。②一次性创业补贴：对毕业2年以内的高校毕业生首次创办小微企业，且正常经营3个月以上的，由就业补助资金给予不低于5000元一次性创业补贴。③享受培训补贴：对大学生参加创业培训的，按规定给予最高60~1300元创业培训补贴。④灵活就业社会保险补贴：离校2年内未就业高校毕业生，灵活就业或通过新就业形态方式就业，并以个人身份缴纳社会保险费的，按照每人每月给予350元职工养老保险补贴（享受最低生活保障的职工养老保险补贴为每人每月450元）和100元职工医疗保险补贴，补贴期限不超过24个月。

（4）户籍政策：取消高校毕业生落户限制，高校毕业生可在创业地办理落户手续。

（5）创业服务政策。①免费创业服务：可免费获得公共就业和人才服务机构提供的创业指导服务。②技术创新服务：各地区、各高校和科研院所的实验室以及科研仪器、设施等科技创新资源可以面向大学生开放共享，提供低价、优质的专业服务。③创业场地服务：鼓励各类孵化器面向大学生创新创业团队开放一定比例的免费孵化空间。政府投资开发的孵化器等创业载体应安排 30% 左右的场地，免费提供给高校毕业生。有条件的地方可对高校毕业生到孵化器创业给予租金补贴。④创业保障政策：加大对创业失败大学生的扶持力度，按规定提供就业服务、就业援助和社会救助。

（六）江西省 2023 大学生创业帮扶政策

（1）高校毕业生符合自主创业条件的，可申请最高不超过 10 万元的小额担保贷款。对符合二次扶持条件的，贷款最高限额不超过 30 万元。对合伙经营和组织起来创业并经工商管理部门注册登记的，贷款规模最高不超过 50 万元。

（2）江西将大学生求职补贴调整为求职创业补贴，对象范围扩展到获得国家助学贷款的毕业年度高校毕业生，标准从 800 元提高到 1000 元；将一次性创业补贴的范围扩大到在校及毕业 5 年内的大学生，标准从 2000 元提高到 5000 元；对已进行就业创业登记并参加社会保险的自主创业大学生，可按灵活就业人员待遇给予社会保险补贴。

（3）南昌市于 2015 年草拟了《关于支持人才创新创业助力实现“四强”目标的若干意见（征求意见稿）》，拟建立“双高”人才需求目录年度发布制度，对获批建新设立的博士后工作站给予 50 万元建站补助。为鼓励青年大学生自主创业，南昌拟在市级人才发展专项资金中设立 300 万元的“资金池”，用于初创型青年大学生创业项目融资支持。大学生创业可申请不超过 30 万元的小额担保贷款等。

（4）江西省出台措施支持高校毕业生自主创业，高校毕业生自主创业最高可获 10 万元小额担保贷款。

（5）合伙创业最高获 50 万元小额贷款。对符合高校毕业生自主创业条件的，可申请最高不超过 10 万元的小额担保贷款。对符合二次扶持条件的个人，贷款最高限额不超过 30 万元。对合伙经营和组织起来创业并经工商管理部门注册登记的，贷款规模最高不超过 50 万元。如从事当地政府规定微利项目的，可按规定享受财政全额贴息。

（6）从事个体经营可减免税费。据了解，对符合条件的高校毕业生在毕业年度内从事个体经营的，3 年内按每户每年 8000 元为限额，依次扣减其当年实际应缴纳的营业税、城市维护建设税、教育费附加和个人所得税。对已进行就业失业登记并参加社会保险的自主创业高校毕业生，人社部门可按照灵活就业人员待遇给予社会保险补贴，期限最长不超过 3 年。

（7）参加创业培训最高补贴 1600 元/人。从 2013 年起，江西省将创业培训补贴政策期限从之前的毕业年度调整为毕业学年（自毕业前一年 7 月 1 日起的 12 个月），鼓励有创业意愿的应届高校毕业生参加创业培训，根据其获得创业培训合格证书或创业情况，按规定给予人均 1000～1600 元的创业培训补贴。

（8）职业技能培训补贴不少于200元/人。同时，江西省规定见习单位应当合理分担并为见习学员先行垫付不低于所在地最低工资标准的生活费。自2013年起，将开展就业技能培训和创业培训。对毕业年度内高校毕业生参加职业技能培训的，按规定给予培训补贴。对通过初次职业技能鉴定并取得相应职业资格证书或专项职业能力证书的，按鉴定收费标准的70%给予补助，最低不少于200元/人。

（9）到家庭服务企业就业可获岗位补贴。此外，对高校毕业生到中小企业就业的，在科研项目经费申请、科研成果或荣誉称号申报等方面，享受与国有企事业单位同类人员同等待遇。对到中小企业和非公有制单位就业，并参加了城镇职工基本养老保险的高校毕业生，今后考录或招聘到国家机关、事业单位、国有企业工作的，其缴费年限可合并计算为连续工龄。对高校毕业生到家庭服务企业就业的，可给予岗位补贴。

（七）贵州省创业扶持政策

（1）登记注册政策。高校毕业生申办企业可不受出资额限制，申办公司注册资本实行分期到位的原则。高校毕业生申办个体工商户、民营企业，免收管理类、登记类、证照类等有关行政事业性收费。

（2）“3个15万元”政策。高校毕业生创办微型企业可优先享受“3个15万元”扶持政策。

（3）创业担保贷款扶持政策。高校毕业生自主创业，可在创业地按规定申请不超过10万元的小额担保贷款，合伙经营和组织起来就业的，可享受每人不超过10万元、总额不超过200万元的小额担保贷款；从事微利项目的，可享受不超过10万元贷款额度的财政贴息扶持。

（4）创业补贴政策。高校毕业生领办创业项目并带动就业，连续正常经营1年以上的，一次性给予5000元创业补贴。创业经营场所符合规划、安全和环保要求的，每月按300元标准给予经营场所租金补贴，对实际月租金低于300元的，据实补贴，补贴期限最长不超过3年。

（5）税收优惠政策。持《就业创业证》（注明“自主创业税收政策”）的高校毕业生在毕业年度内（即毕业前一年7月至毕业年7月）从事个体经营的，3年内按每户每年9600元为限额，依次扣减其当年实际应缴纳的营业税、城市维护建设税、教育费附加和个人所得税。对高校毕业生创办的小型微型企业，按规定落实好减半征收企业所得税、月销售额，或营业额不超过2万元的暂免征收增值税或营业税。

（6）创业培训政策。高校毕业生可免费参加各高等院校和人力资源和社会保障部门组织的创业培训。对高校毕业生在毕业年度内参加创业和其他类型培训的，根据其获得培训合格证书和就业、创业情况，按规定给予相应培训补贴。

筹集资金只是创业成功的一部分，还需要有明确的商业计划、可行的产品或服务、优秀的团队等要素来共同推动企业的发展。

第三节　股权设计

股权设计是指对公司股权结构进行策划和安排的过程。具体来说，股权设计涉及管理团队、股东和投资人之间通过制定股份和股权结构的方式，来达成有效的利益分配和公司治理等目的。股权设计包括但不限于以下几个方面：

1. 股份分配

确定谁将持有公司的股票，以及每个股东持有的股份比例，用于衡量每位股东在公司中的权利和利益。

2. 股权结构

包括普通股、优先股、草根股、B 股等多种股票类型的设计和安排，用于实现股东之间的利益平衡和管理团队的激励机制等目标。

3. 行使股东权利的规定

规定股东在公司治理和决策中的投票权和决策权等方面的具体规定，用于规范股东行使股东权利的方式和程序。

4. 股东协议

制定股东协议，约定股东之间的关系、股权转让、合作共赢等重要内容，用于协调股东之间的关系，保障企业的稳定运作。

5. 薪酬计划

制订薪酬计划，用于激励员工、管理层和创始人等核心人才的积极性和贡献，以推动企业的持续发展。

股权设计是公司组织的顶层架构设计，能够解决谁投资、谁来做、谁收益、如何分的问题。在传统企业互联网转型的过程中，股权设计是实现有效利益分配和公司治理的关键环节，对于保障企业的稳定运作和持续发展具有重要意义。

6. 案例分析

假设某公司是一家处于快速发展阶段的科技公司，为了激励公司的高层管理者和核心技术人员，公司决定实施股权激励计划。

（1）公司需要确定股权激励的对象。在这个案例中，公司选择了高层管理者和核心技术人员作为激励对象，因为这些人员对于公司的长期发展具有关键作用。

（2）公司需要选择合适的股权激励方式。常见的股权激励方式包括股票期权、限制性股票、股票增值权等。在这个案例中，公司选择了股票期权作为激励方式，因为这种方式可以在激励对象行权时为公司筹集资金，并且激励对象只有在股价上涨时才能获得收益，从而与公司利益保持一致。

（3）公司需要设计股权激励契约的具体条款。这包括激励对象可以获得的股票数量、行权价格、行权期限等。在这个案例中，公司根据激励对象的职位和贡献程度，为其分配了不同数量的股票期权。同时，公司设定了适当的行权价格和行权期限，以确保激励对象有足够的动力去提升公司的业绩。在股权激励计划执行过程中，公司需要密切关注市场变化和公司业绩的变化，并根据实际情况对股权激励契约进行调整。例如，如果公司业绩表现不佳，公司可能需要调整行权价格或延长行权期限，以减轻激励对象的压力。如果市场出现波动，公司可能需要调整股票期权的数量或分配比例，以保持激励计划的吸引力。

（4）公司需要建立完善的股权管理制度和监管机制，确保股权激励计划的公平、透明和合规。这包括定期披露股权激励计划的执行情况、建立独立的股权管理机构、制定完善的股权转让和退出机制等。

通过这个案例分析可以看出，股权设计的过程需要综合考虑公司的实际情况、激励对象的需求以及市场环境等因素。合理的股权设计可以激发员工的积极性，促进公司的长期发展。然而，股权设计也需要根据公司的实际情况进行灵活调整，以确保股权激励计划的顺利实施和达到预期效果。

模块二　典型项目案例分析

第五章 大学生互联网创业的社会背景

随着精英教育向大众化教育的发展，国家迎来了高校扩招后大学生的就业高峰期，就业形势非常严峻。2024 年全国普通高校毕业生人数预计将达到 1179 万。这一数据是根据教育部的统计得出的，较上年增长了 21 万人。这一大规模的应届毕业生数量再创历史新高，对于整个就业市场来说，压力是巨大的。并且疫情 3 年，经济增长放缓，这对毕业生就业工作无疑是巨大的挑战。同时，大学生找到的工作待遇很低，无法满足大学生的需求。面对如此严峻的就业形势，学生自主创业将成为重要的就业形式，更多的大学生选择自主创业解决就业问题。

大学是创新知识、人才培养的基地，也是培养创业者的“摇篮”。早在 1989 年，创业教育开始走进我国学者视野，1998 年以来，伴随大学生创业大赛出现的大学生创业现象在我国兴起，并引起社会各界的热切关注。与此相适应，2002 年，当高校扩招后的引发的就业问题出现后，大学生创业的话题也逐年升温。2012 年全国普通高校毕业生人数有 680 万，而 2003 年仅 212 万，相比 10 年前多了 468 万，呈 3 倍增长。2013 年高校应届毕业生达 699 万人，比 2012 年多 19 万人，是中华人民共和国成立以来大学毕业生最多的一年，就业压力明显增大。而 2023 年随着后疫情时代的来临，经济增长趋缓，社会需求减少，企业招聘计划同样减少；但是，毕业生人数持续增长，供求矛盾突出，在严峻的就业形势面前，大学生创业成为越来越多的毕业生自主或者被迫的选择。

经过几十年的发展，我国的创业教育已初见成效，大学生创业也越多地被社会接受。自 2008 年起中国“实施扩大就业的发展战略，促进以创业带动就业”战略来，全国的总体比例从 2008 年的 1.0%上升至 2023 年的 57.6%。然而，大学生创业的现实和前景却不容乐观，有统计数据显示，2023 年前中国大学毕业生的自主创业比例一直在 1%徘徊。而发达国家，大学生创业的比例一般为 20%~30%，如美国的创业教育已经成了一个相当完备的体系。另外，中国青年创业发展报告对毕业 3 年后的大学生进行的跟踪调查发现，在大学生毕业半年后自主创业的群体中，3 年后有约 7 成的人退出了创业，大学毕业生创业成功率仅为 2.4%。

一、大学生创业参与比例低，创业成功率低的主要影响因素

首先，就业观念陈旧，大学生自主创业热情不高。尽管为支持大学生创业，国家和各级政府出台了许多优惠政策，涉及融资、开业、税收、创业培训、创业指导等诸多方

面，但多数大学生仍然把考研、政府部门、大型国有企业和外资企业作为择业的首选目标，参与创业的热情不是很高，自主创业发展步伐缓慢。来自南开大学的一份学生调查显示，89%的大学生对创业产生恐惧心理，并明确表示不会选择自主创业。在回答“为什么不选择自主创业”这一问题时，绝大部分学生选择“失败率高”这一选项。在对不到11%打算创业的学生进行创业动机调查中，运用自己的知识成就一番事业所占比例超过了50%；居第二位的是自己当老板赚更多的钱，占38%；选择挑战自我的人占28%，居第三位；只有7.4%是为了解决就业。显然，尽管近几年就业形势严峻，选择通过创业解决就业问题的大学生仍是少数。被访大学生表示，大学生没有市场经验，人际交往上的不成熟将成为市场角逐中的极大困扰。

其次，缺乏创业环境。大学生创业之路异常艰难，除了创业者本身条件的限制之外，更多的是因为缺乏一个整体有序的创业环境。与外国成熟又完备的创业环境相比，我国现在的创业环境还不是很完善。在资金支持、政府政策、政府项目、创业教育与培训、商务环境等各个方面还需进一步完善和健全。特别是政府职能还未完全转变，政府官员服务意识不强。另外，传统社会观念阻碍也是创业环境不成熟的一种表现。我国传统的社会观念认为，考上了大学就是跃过了“龙门”，大学毕业之后理所应当去政府部门做公务员，或者去大公司当“白领”。而大学生在毕业之后自己开办一个小的企业时，就会流言四起，认为是大学生个人的能力有问题，找不到工作，所以才进行创业。整个社会还没有形成支持大学生自主创业、容忍失败的氛围。

最后，大学生自主创业所从事的行当多是一些技术含量不高的传统行业，发展前景堪忧。大学生创业普遍缺乏经验，对销售、管理方面知之较少，因此选择的项目普遍规模小、成本低、技术含量不高，或者在网上开网店，或者加盟快餐店，或者开零售店。这不仅很难受到风投资本的关注，也阻碍了自身的长远发展。大学生在低端市场创业的局限性，让他们仅能勉强解决个人就业问题，很难提供就业岗位，更起不到“带动”作用。虽然大学毕业生在学识方面有一定优势，可存在缺乏经验、眼高手低、盲目创业等问题，导致创业成功率低。因此，目前的情况下，在鼓励毕业生创业的同时，如何提高成功率也是一个很重要的课题。

二、提高大学生自主创业能力的对策分析

1. 从国家层面上，要加强政策的引导、规范和支持

我国高校的创业教育虽然从1989年就开始起步，但发展较为迟缓，虽然创业教育已在全国各高校都有声有色地开展起来，但是各地方各院校的创业教育质量参差不齐，在发展的过程中存在着许多问题，需要政府相关部门的调整、规范。大学创业教育可以是多样化、无界限的，但是创业教育的核心和基本理念应该有规律可循，被大众认可。因此，国家应在大学生创业教育和创业实践方面出台相关细则，

使得高校的创业教育更加规范化，从而提高大学生创业的实效。

除政策支持外，政府的资金支持也是大学生创业教育发展的重要推动力。大学生创业能力培养的应该落在实处，只在学校里面接受创业教育是不够的，创业能力的培养需要实践。当下由于高校办学资金有限，缺乏创业实践的场所，大学生创业能力培养停留在表面功夫上，这也是大学生创业频频受挫的一个重要原因。我国高校急需政府资金扶持创办创业实践场所，在具体的创业实践中能够更好地发现问题、解决问题。

2. 从高校层面上，各大学需强化大学生创业教育

高校是大学生创业能力培养的主要场所，担负着启发学生、培养学生创业兴趣、技能，授予学生创业知识的重任。大学是国家人才的培养基地，有责任为国家培养具有创新精神的创业人才。近年来，随着创业教育在我国高校的推行，大学生创业的人数越来越多。然而，大学生创业比例相较于欧美学生仍有很大差距，这与高校中的创业教育不完善大有关系。因此，要改变国内大学生创业难的现状，高校在相关方面也应该做出努力，具体包括：①设立创业教育专门管理机构，使创业教育在实施过程中能找到有效的协调机制。②改变传统的教育模式，加大对学生创业精神和创业意识的培养力度，把创业教育的理念融入学校整体育人体系。③建立一支既具有理论知识又具有一定创业实践经验的教师队伍。④完善创业教育服务和保障体系等。只有做到这些，才能把大学生创业能力培养的工作真正落到实处。

3. 从个人层面上，大学生创业者需努力提高自身素质

大学生创业能力培养固然需要学校和政府的支持，但是更离不开大学生本人的努力。创业能力是一种多方面的综合能力，与创业的成败直接相关。大学生创业应着重培养和提高以下三个方面的创业能力。一是提高开拓创新能力。开拓创新能力是成功创业者最重要的能力之一。开拓创新是创业的灵魂和赢得竞争优势的关键。一个优秀的创业者必须勇于开拓、敢于创新。二是提高组织管理能力。在市场经济条件下，市场充满了竞争和风险，创业者要想使自己的创业实践活动获得成功，就必须重视经营管理。经营管理能力是创业者在管理上的体现。管理活动贯穿于组织运行过程的每一个环节，不仅是组织正常运行的前提，也是组织生存与发展的基本条件。三是提高人际协调能力。要想创业成功，大学生还需要培养自己的人际协调能力。因为包括创业在内的任何活动都离不开人与人之间的交往。因此，大学生在校期间有意识地培养与他人的协作能力是获得他人和社会支持的重要前提条件，对大学生创业者创业成功具有重要的作用。

此外，大学生还应该注重提高创业心理素质。创业是艰苦的，其间不仅会遇到各种各样的困难，还有失败的可能，所以在创业过程中，拥有良好的创业心理素质十分重要。当代大学生基本上都出生在改革开放年代，物质条件比较优越，经历的都是从

学校到学校的单一过程，生活阅历浅，社会经验缺，对风浪和挫折体验少，尤其是独生子女对新环境的适应能力和对挫折的承受能力较差。因此，大学生要自觉加强对创业素质的训练与培养，从而正确了解自己、正确认识社会，认识到创业的艰难，形成谦虚、豁达、坚韧不拔的创业心理素质。大学生要树立不怕困难与挫折、敢于向困难挑战的精神，加强意志锻炼，使自己在创业之路上走得更远、更光明。

在高校有很多好的项目和产品，若能为大学生搭建好的双创平台，在一些问题上给大学生提供建议和指导，定能达到新的高度，和大学生携手共创美好未来。

三、当前大学生双创平台发展具备的有利条件

1. 政府的支持和引导

近年来，国家实行了创新工程，进行了体制创新和技术创新。国内诸多省市也制定了一系列政策措施，支持和鼓励大学毕业生（包括硕士、博士）自主创业，欢迎出国留学生回国创业。给予相应优惠政策，如简化审批手续、减免税收、提供创业小额贷款和担保、分期注资等。

2. 大学生才思敏捷，敢想敢干

在中国已经成功入世，全面深化改革和实现跨越式发展的今天，大学生的思想相当活跃，创业热情十分高涨。各种创业计划大赛在中国如火如荼地开展，许多有想法、敢创新的学生脱颖而出，学生创业随即达到高潮——截止到 2024 年初，全国由大学生创业人数已超 1000 万人。

3. 大学生掌握了比较可观的知识资本

21 世纪是知识经济时代，大学生将是主要的知识资本拥有者，他们投身创业又将成为知识资本的营运者。虽然在创业时货币资本等有形资本不足，但是他们拥有生产要素中最重要的无形资本——知识资本，加之现有政策已允许其折合成相当比例的有形资本，以股权占有形式投入、创立实业，并能通过吸引风险投资等途径募集创业资金，从而保证创业的进行和持续发展。再者，当今网络经济、虚拟经济等新经济形态的出现，也为大学毕业生自主创办小型知识型创业创造了条件。

4. 很多大学生在校期间注意积累实践经验

他们积极投入课余的实践活动，或参加校园勤工助学，或为高新技术企业打工，这些活动为大学毕业生创业奠定了初步基础。

综上所述，当前市场环境即为大学生双创平台发展的最佳时机。

第六章　创新创业项目评价（校园创业实例及分析）

创业是一种复杂的劳动，需要创业者有较高的智商和情商，因此造成大学生创业难的最关键因素还是大学生创业能力的欠缺，创业能力对大学生创业而言就如同基石对高楼，缺少它大学生创业之路必定坎坷、难以走远。然而，时下大学生普遍缺乏创业能力，大学生创业能力培养迫在眉睫。

一、大学生线上互联网创业

近年来，高校毕业生的就业形势越发严峻，越来越多的大学生选择自主创业以解决就业问题，网络创业则因为其低成本、低风险、潜力大等优势而成为高校毕业生自主创业的首要选择。众所周知，现在大学生微商俨然成为大学生主力军。

1. 大学生网上创业优势

注册登记优惠，金融贷款优惠，税费减免。

2. 网上创业注意事项

第一，要从大学生的实际出发。第二，要以解决创业资金为重点。第三，要引导学生确定合理的创业目标。第四，尽量减少限制级条件。

3. 对网上创业的建议

（1）防止电子商务的陷阱。网上开店已经成为现实，也贴近人们的生活，是不是应该多花点时间学习下？如果什么不懂就去操作，估计就是花钱买教训的多，挣钱的少。

（2）创业要有看准的目标和方向选定。方向是成功的捷径，方向不对，努力十年都没用。目标的确定很重要，目标大家都会讲，但关键是创业者是不是有结合自身条件做出适合自己的目标。很多人说我有很好的想法，这个只要做了，就一定能怎样怎样。但是，所谓灵感就是偶然的迸发，它未必是一个好的可实现的营销项目，需要通过市场去分析客户的需求，看他们需要什么，项目如果能够很好地满足他们的需求，真正解决他们面临的困难，这才是一个好的项目。也只有这样，才能够是我们可实现的目标，真正指导创业前行。

（3）执行力非常重要也就是要落实，踏实地去做。对于想要网络创业的人，执行力是非常重要的。其实对于创业的人来说，执行力都是不可或缺的，如果没有执行力，那还是不要走上创业这条路。今天说干这个，明天说要干那个，第三天一看，什么也没干，这样的人做什么事情都注定不会有结果。坚定的方向也是成功的基础，在创业过程中，如果不按照计划实施预先所做的规划，最终就会偏离预定的轨道，以失败收场。所以，创业的人执行力很重要。

（4）面临失败怎么办？成功都不会是一帆风顺的，任何事业的成功也不可能是一蹴而就的，因此在创业路上，无数的艰难困苦都一直存在。所以，如果遇到了什么挫折或者困难，特别是面临失败的时候，我们要努力克服。看看网络创业成功的人吧，无论是淘宝还是百度，他们都是先经历了很多失败之后才成功的。如果你连困难也不敢去面对，那么你还是早早退出吧，贵在坚持。

（5）急于求成是不可取的。急功近利到极致的人，总想着要投机取巧，一夜暴富，这其实只是个神话，永远不值得创业的人去追逐，网络有它自身的规则。真正想一夜暴富的人应该去买彩票，而不适合创业，更不适合做网络创业。努力和回报是成正比的。

（6）创业者的心是孤单的。创业是孤独的事情，所以作为创业者，一定要可以忍受寂寞。因为你是先行者，同志很少，更多的时候是自己一个人来面对，无人分享、无人讨论，胜败自己承担。不过，也只有在这个阶段，才有机会无干扰地、自己冷静地思考，成功的创业者都会有这个阶段。

二、校园咖啡吧案例分析

1. 市场背景

喝咖啡是一种流行，同时喝咖啡也成了一种文化、一种情调和一种生活方式。随着咖啡文化的流行，校园也成为咖啡文化入驻的重要场所。咖啡厅已正在成为人们与人沟通和自我享受的一个重要场所，它的价值在于它能给消费者提供高层次的精神享受。咖啡不仅仅是一种饮料，还是一种氛围文化和生活追求。经济和社会的发展必然映射到校园中，咖啡文化消费在校园市场大有可为。

2. 市场状况

目前高校周边分布有众多咖啡厅，纷纷瞄准了高校市场。以武双大学为例，珞狮路一条街咖啡厅密集程度之高，是武汉其他地方不常见的，所以现在咖啡消费市场的竞争是非常激烈的。校外咖啡厅都有把高校教师和学生作为自己潜在顾客的考虑和行动，但是并没有明确的细分和定位。经营一家定位在高校市场的校园咖啡厅，如何在激烈的竞争中胜出，需要综合考虑各种有利和不利的因素，发挥自己的优势，为顾客创造差异化价值，才能在校园市场切下一块自己的蛋糕。

3. 校园咖啡厅特点

高校是人口极为密集的场所，整体上知识文化素质比较高，接受了较多西方思想和生活方式，易于接受新事物。他们有强烈的追求较高品位的生活方式的欲望，有一部分群体消费水平较高，有较多的可支配收入购买非生活必需品。在校园里面经营一家咖啡店，一方面可以丰富教师与学生的生活，另一方面对于经营者而言，潜力巨大，大有可为。

4. 校园咖啡优势

（1）地理上更接近受众，节省顾客时间成本，方便消费者。

（2）情感上校园咖啡厅更容易被消费者接受，甚至有些消费者本能地排斥校外商业气息浓厚的咖啡厅。

（3）易于结队消费，人群集中，易产生示范和模仿消费效应。

（4）实力上不及校外咖啡厅雄厚，管理经验不足，影响力较弱。

（5）消费群体单一，且消费时间也相对集中，增加了管理成本和运营费用。

（6）目前校园市场是一个未被开发的领域，消费群体集中，消费潜力巨大。

（7）年轻人居多，一旦形成习惯和消费偏好，易形成顾客忠诚。

（8）一旦成功，容易导致跟进的竞争者。

（9）校外众多的咖啡厅容易分流顾客。

5. 消费群体分析

学生消费群体按照学历分为本科生和研究生，本科生按照年级分为入巢、守巢、离巢三个阶段。

（1）本科。①入巢：主要是大一年级。初来乍到，处于对学校环境和周边环境的熟悉阶段，对一切都十分好奇，有充足的课外时间，对校内外乃至整个武汉市的饮食有较浓厚的兴趣。另外，因为通过社团活动等和高年级的师兄师姐的接触中，渐渐建立起对学校环境和社会环境的大致认知。大一入巢期虽然不会有较频繁的咖啡消费行为，但这时是建立良好形象的关键时期（新生对新接触到的事物总是充满好奇，易于接受并且先入为主，很容易建立良好的第一印象，而且可以长期维持）。事实上，入巢期的新生之中一部分的先行者开始体验，对其他的入巢者起着示范和引导的作用。②守巢：主要是大二和大三年级。经过大一的迷惘和适应期之后，心态逐渐和学校的环境合拍，消费行为由大一的大学生活必需品的消费（手机、电子词典、衣服等）转为非生活必需品的体验性和情感性消费。一部分人寻找兼职工作，可支配收入增加，同时相当一部分守巢期的消费群体开始恋爱，情感需要表达，品咖啡是一种很好的寄托和途径，针对情侣市场大有可为。③离巢：大四年级可归入离巢期。因为就业和考研的压力，可支配的剩余时间减少，针对离巢期的消费群体可以采取情感营销的方式，营造一种浓浓的归属感，得到消费者的情感认同。

（2）硕博士。这是一个不同于本科生的消费群体，一方面，他们学历较高，可支配收入也较多一些，消费习惯趋于理性，思想更为成熟；另一方面，他们并非专业的上班族，有充足的时间和更高层次的生活追求，易于成为忠诚的咖啡消费者。另一类是工商管理硕士（MBA）和其他群体，这一类群体有丰富的社会阅历，也有一定的经济收入，成熟稳重，追求生活品位，是咖啡的巨大潜在消费群体。

（3）教师消费群体。①年轻教师：刚毕业不久、留校的年轻教师，一般单身，没有家庭，处于学生和教师角色的转换之中。生活稳定，有较稳定的收入，易于接受新事物，追求自己的生活方式。②其他教师：相对于年轻教师而言，收入较高，有子女和家庭，可支配收入。

（4）其他顾客群。社会消费群体，为了感受武大氛围，或者因节庆、事件（樱花节、年会、朋友拜访等）暂留武大，构成了流动的消费群体。

6. 消费能力和消费习惯分析

（1）在所调查的本科生总体中，每月生活费主要集中在 1500～1700 元，占 58.5%，其次是 1700～2500 元，占 28.4%，这两者占据了总体的 86.9%，构成了本科生消费群体月生活费的主体。可见，在武汉市物价水平的大环境下，学生消费群体可支配收入不特别紧张，同时也并不宽裕。

（2）在对咖啡和西餐的消费偏好的调查中，可以发现，大约四分之一的目标消费群体态度是“喜欢”，大约一半的群体态度为“一般，没有特别偏好”，这两者占据了总体的大部分，不喜欢的顾客只占 15%左右。

（3）在对咖啡和西餐消费频率的调查中，可以发现，有四分之一的目标顾客选择“会经常去”，三分之一的顾客选择“偶尔去”，而选择“不会去，没有此需求”的潜在顾客也占到了四分之一。和上面的比较之后，我们发现，有一部分潜在消费者（约 10%）对咖啡和西餐怀有好感，但是需求的意识处于沉睡状态，经过宣传和市场开发，这部分消费者有望成为咖啡和西餐的忠实消费者。

三、大学生校园快递服务站的可行性分析

1. 项目建设规模及建设内容

本项目是建立一个专注高校校园市场的双创平台，旨在为大学生等提供便捷的校园快递服务。建设规模 500 平方米，专业为大学生创业就业提供平台。

2. 校园快递环境分析

在电子商务平台日趋完善的今天，网购热潮势必愈演愈烈，校园作为一个网络信息化发展集群，其带来的将不仅是广阔的市场需求，更是在校园快递下的无限商机。校园师生市场广大，目标客户明确，学校的校园秩序是其必须规范的。而杂乱无章的快递公司代理点，极易给校园环境的稳定造成不安定的因素，因而对快递店的要求是必须要对师生提、派送货物及时性和改善服务态度方面进行改善，以增加

送货区域和代理店，方便学校师生的生活，因此对校园快递提出了更高的要求。

3. 校园快递现状

蓝店的创业故事始于一位名叫洪振业的年轻人。洪振业出生于 1992 年，在大学期间就开始尝试创业，最初是从事校园快递收发业务。他通过观察和了解快递员的困扰，发现快递员在派送快递到学校时，常常需要花费大量时间等待学生前来取件，这导致了派送效率低下，同时也给学生带来了不便。洪振业看到了这个痛点，并决定采取行动来解决这个问题。他向学校租了一个小房间，让快递员直接将快递送到这个收发室里，这样就避免了快递员在学校门口等待的时间，提高了派送效率。这个小小的改变为他带来了每月 3 万~5 万元的收益，也让他看到了在这个领域创业的可能性。随着“共享经济”的兴起，洪振业敏锐地意识到，便利店等社区小店具有天然的快递收发优势，可以成为快递收发的重要场所。于是，他在厦门软件园创办了厦门蓝尚科技有限公司，带领团队研发出了一款名叫“蓝店”的 App。这款 App 通过与便利店、洗衣店、药店等社区小店合作，帮助社区居民代收快递，解决了快递“最后一公里”的问题。蓝店在快递代收的基础上，还开展了商品销售等增值业务，为社区居民提供更多的便利。洪振业的创业故事也引起了社会的广泛关注，他曾在 2017 年登上福布斯中国“30 位 30 岁以下精英”榜，成为亚洲榜的候选人。

蓝店的创业故事告诉我们，创业的过程是一个充满挑战和机遇的过程，只有敏锐地抓住市场机遇，不断地创新和探索，才能在激烈的市场竞争中脱颖而出。同时，创业也需要有坚定的信念和毅力，不断地克服困难和挑战，才能最终实现自己的梦想。

4. 校园快递收发存在的问题

（1）影响学校校容校貌。现大部分快递都在学校门口收发，多而杂，混乱不堪。

（2）影响师生正常休息时间。快递业务员选择在中午 11：30 到 12：30 这时间段收发，如果师生在该时间段没有去领取，快递员会延误到下一天派发。

（3）消费权益得不到保障。快递员服务差素质低，若学生在上述时间段未领取，还出现辱骂学生现象。

（4）车辆安全隐患。由于没有固定场所，车辆穿梭在学校及门口，安全隐患很大。

（5）快递物品安全性得不到保障。由于场所时间都不固定，物品经常会遗失。

5. 建立校园服务站优势

（1）在学校设立固定工作点，方便师生。

（2）建立完善投诉体系，保障师生利益。

（3）统一管理，美化校园环境。

（4）针对店内的快递工作，因地制宜，选择在校毕业生，为大学生就业提供平台。

（5）店内空置位置，可为大学生好的产品和项目提供场地，方便大学生自主创业。

四、大学城/二手交易市场/二手交易网站

（一）市场状况分析

1. 市场背景分析

目前全国有几百万在校大学生，单单安徽省就有几十万的在校大学生。由于不同行的经济收入和家庭背景不同，学生急需通过二手交易的方式购买或出售商品，传统的二手交易市场是面向大众的，没有特定群体，范围广泛、涉及面广，交易不方便，信息传播的速度慢。网上的二手交易平台也极少。

2. 竞争对手分析

目前还没有主要的竞争对手，有的只是相对于同个地域的交易，网上的相关交易平台还没有特别出类拔萃的，针对在校大学生的更是屈指可数。

3. 消费者分析

在校的大学生有一部分消费群体（经济能力较强的）可能急于想购买新的产品而没有足够的钱，想找个途径卖出自己的旧商品后再买新的，或者需要处理一些自己不再用的商品；另一部分消费群体（经济能力较弱的）由于资金问题无法获得自己想要的产品，只能通过二手市场来购买哪些便宜的、实惠的商品。

（二）二手交易市场的 SWOT 分析（表 6-1）

表 6-1　大学生二手交易市场行业分析

项目 SWOT 分析	
优势（Strengths） 1. 消费群体稳定。大学校园里稳定的学生客户群。大学生有许多共同的兴趣和消费倾向，消费商品较单一。每年数千学生的流动为大学城的消费带来了新鲜血液。大学校园里的消费群体素质较高，容易接受新鲜事物，特别是学生年龄一般在 18～25 岁，正处在求知欲旺盛的阶段 2. 成本低。首先学生居住很集中，降低了输送成本。其次，每个大学都有自己的校园网。可以利用校园电子商务进行宣传，也可以通过学校的展板等，这样减少了印刷、广告等费用 3. 具有一定的独创性，宣传意识强，促销有一定的针对性，竞争对手少，网站服务独特，市场广阔，利润大	劣势（Weaknesses） 可能由于首创的面对大学校园的在校生商品二手买卖服务，知名度还不够高，需要充当开拓者的角色，其中必定有很多困难，同时也是处于商品的导入期，需要培养消费者对网站的信任感，提高知名度

续表

项目 SWOT 分析	
机会（Opptunitie） 由于能够满足大多数在校大学生，在其他高校推出网站推广活动，吸引消费者，手法比较新颖	威胁（Threats） 由于现在是网站在同行业中扮演披荆斩棘的角色，如果网站没有及时更新和维护，很容易被后来者所赶上并取而代之。所以，要时常做好维护工作

（三）市场定位分析

对于我们的网站，我们将以更专业化的服务、独特的经营模式以及标准化的管理为广大高校学生提供优质服务。问卷调查结果显示，在买方市场来说，对于二手产品的接受程度由高到低依次为学习资料（38%）、自行车（20%）、电子产品（17%），体育用品（13%）、电器（9%），而其他私密类的用品如衣服、鞋等占3%。在卖方市场来说，愿意出售的二手产品由高到低依次为学习资料（32%），电子产品（22%）、电器（17%）、自行车（16%），其他占13%。很明显，买卖双方存在着一定的交集，这就是我们的市场定位。而大部分学生可以接受的二手交易价格普遍在原来销售价格的50%。这也是给二手市场的利润带来了较大的空间。

（四）市场可行性分析

调查结果显示，大部分学生会选择二手交易是因为其价格低廉，性价比比较高，同时能够满足短期的使用需求，这样可以实现资源的有效利用。当然，同样也根据消费者的心理，也存在不购买二手商品的理由。像是针对电器、电子商品等，大部分学生对它的安全隐患存在担忧，也有人担心二手商品使用不顺手，还担心售后的服务问题，万一出现了质量问题，就无从追究，而对于那些衣物等私密物品，最担心的莫过于就是卫生问题。二手产品的优势在较长的一段时间是不会有其他改变的。而这些担忧在接受二手产品确实可以加以控制，但有时为了不限制产品的种类和数量，这也是不可避免的。

在构建这样一个平台时，肯定会遇到一些普通的二手店可替代性等问题，不过我们可以从服务、销售方式等方面来优化自己。高校二手交易提倡的是资源优化配置，满足大学生的需求。大学城的二手市场是专门为大学生服务的。目标明确，较容易获得大学生的认可，是大学生自己的交易平台。发展速度会比较迅速。

1. 案例一——小黄车

小黄车 ofo 的创业故事充满了起伏和转折。这个故事始于一个“90 后”的青年创业者戴威，是一名北大研究生，他是 ofo 的创始人兼 CEO。戴威拥有北京大学经济学硕士的学位，他在 2014 年与 4 名合伙人共同创立了 ofo 共享单车。戴威的创业理念是基于“共享经济+智能硬件”的模式，以解决城市出行的“最后一公里”问题。他希望通过这种方式，创建一个新型的互联网科技公司，专注于提供校园自行车业务的平台共享服务。这个想法在中国开启了一个全新的“共享时代”。在 2014 年，戴威在青海以 ofo 的名字注册了公司，并成功获得了 100 万的天使投资。然而，初期的业务推广方式却出现了问题。为了扩大业务，ofo 在各大旅游城市进行了地推活动，并通过提供脉动等补贴来吸引新用户。然而，这种砸钱的推广方式很快导致公司陷入经济的困境，使 ofo 陷入了绝境。尽管经历了初期的挫折，但戴威并没有放弃。在 2015 年 9 月 7 日，ofo 共享单车正式上线，其凭借便捷、环保、低碳的特点，迅速在全球范围内掀起了绿色出行的新浪潮。然而，好景不长，由于资金链断裂和管理不善等原因，ofo 最终宣告破产。

这就是小黄车 ofo 的创业故事，一个充满了挑战和机遇的旅程。虽然 ofo 最终未能实现其初创时的愿景，但戴威的创业精神和勇气仍然值得我们敬佩。他用自己的行动证明了，只要有坚定的信念和创新的思维，就能够在创业的道路上不断前行，创造出属于自己的辉煌。

2. 案例二——饿了么

饿了么的创业故事始于一群充满理想的年轻人，他们看到了外卖市场的巨大潜力，并决定将其商业化。2009 年，上海交通大学学生张旭豪、康嘉、汪渊、罗宇龙、邓烨和闵婕等人在大学时期就开始了这个项目。最初，他们面临了许多挑战，包括行业的不温不火、资金紧张以及竞争压力。然而，他们凭借坚定的信念和不懈的努力，逐渐克服了这些困难。在创业初期，饿了么主要面临来自小叶子、天天服务网等竞争对手的威胁。然而，这些竞争对手并没有对饿了么构成实质性的影响，这为饿了么提供了宝贵的发展空间。在这个阶段，创始团队只能拿到有限的薪水，甚至需要卖掉个人股份来补贴家用。有时，他们甚至考虑过放弃外卖业务，转而开设一家餐厅。然而，随着移动互联网的兴起，饿了么迎来了重要的转折点。他们及时将业务从 PC 端转向移动端，抓住了市场的机遇。此时，互联网行业的巨头也开始关注外卖市场，阿里、百度、美团等公司纷纷试水。面对激烈的竞争，饿了么的员工数量仍然较少，只有 300 人左右，但他们凭借着敏锐的市场洞察力和高效的执行力，逐渐在市场中脱颖而出。饿了么在发展过程中，始终把美团视为头号竞争对手。他们通过不断创新和优化产品，提高用户体验和服务质量，逐渐赢得了市场份额。经过十年的努力，饿了么从一个默默无闻的大学生创业公司发展成为估值 95 亿美元的外卖巨头，最终被阿里巴巴全资收购。

饿了么的创业故事充满了挑战和机遇，它展示了一个理想主义者如何在现实世界中不断奋斗、成长并最终取得成功的历程。这个团队用他们的智慧和汗水，书写了一段令人钦佩的创业传奇。

3. 案例三——大疆无人机

大疆无人机的创业故事始于 2006 年，由汪滔创立。汪滔曾在美国加利福尼亚大学伯克利分校担任电机工程师，但他选择回到中国，运用自己的技术经验和商业洞察力，创立了大疆创新科技有限公司。初创时期，大疆的团队规模很小，只有三个人，办公地点设在深圳的一间民房里。起初他们面临着巨大的挑战，没有成型的产品，也没有投资者的关注。然而，汪滔和他的团队凭借坚定的决心和不懈的努力，逐渐开发出了一系列无人机产品。在大疆的发展过程中，他们经历了从自主研发到与美国企业合作的过程。通过与美国企业的合作，大疆得以采用先进的技术与设备，逐渐发展成为国际领先的无人机制造商。在创立初期，大疆面临着巨大的融资压力。幸运的是，2012 年，美国硅谷著名风险投资公司 Accel Partners 向大疆投资了 1.3 亿美元。这笔资金为大疆的快速发展提供了重要的支持，使其迅速崛起为行业巨头。随着大疆的发展，他们不仅在国内市场取得了领先地位，还加强了国际合作，开拓了全球市场。大疆的无人机产品因其卓越的性能和品质，受到了全球消费者的广泛认可。

值得一提的是，大疆在创业过程中还面临了许多困难和挑战。然而，汪滔和他的团队始终坚信自己的愿景和使命，通过不断创新和努力，克服了种种困难，取得了巨大的成功。如今，大疆已经成为全球领先的无人机制造商之一，其产品在航拍、农业、救援等领域得到了广泛应用。汪滔的创业故事不仅展现了他的技术才华和商业洞察力，更展现了他的坚韧不拔和勇于创新的精神。

模块三　实践提升

第七章　创新创业类学科竞赛概述

大学生是推进双创的生力军。2015 年首届中国“互联网+”大学生创新创业大赛总决赛举行，2015 年 4 月 21 日和 6 月 10 日，有关扶持大学生创业的内容也两次被列为国务院常务会议议题。中国“互联网+”大学生创新创业大赛，紧扣国家发展战略，是促进学生全面发展的重要平台，也是推动产学研用结合的关键纽带。要把创新创业教育融入人才培养，切实增强学生的创业意识、创新精神和创造能力，厚植大众创业、万众创新土壤，为建设创新型国家提供源源不断的人才智力支撑。

一、中国国际“互联网+”大学生创新创业大赛

（一）大赛简介

中国国际“互联网+”大学生创新创业大赛，简称“互联网+”大赛，是一项旨在推动高等教育创新创业教育改革、激发大学生创新创造潜能、培养创新创业人才、促进高校毕业生更高质量创业就业、推动创新成果转化和“互联网+”新业态形成、服务经济结构转型升级的全国性赛事。自 2015 年起，该大赛每年举办一届，已成为我国高校创新创业领域的重要品牌活动。

“互联网+”大赛的参赛组别和项目类型不断丰富和完善。在首届大赛中，参赛组别分为创意组和实践组，主要面向普通高等学校在校生，包括本专科生、研究生（不含在职生），或毕业 5 年以内的毕业生。参赛项目类型涵盖“互联网+”传统产业、“互联网+”新业态、“互联网+”公共服务、“互联网+”技术支撑平台等多个领域。随着大赛的不断发展，第二届（2016 年）大赛进一步细化了参赛组别，将其分为创意组、初创组和成长组。创意组参赛申报人须为普通高等学校在校生，初创组和成长组参赛申报人则为普通高等学校在校生或毕业 5 年以内的毕业生。同时，参赛项目类型也更加丰富，包括“互联网+”现代农业、制造业、信息技术服务、商务服务、公共服务、公益创业等六大类。这些变化不仅更好地适应了经济社会发展的新形势和新需求，也为参赛者提供了更加广阔的展示和交流平台。

第三届（2017 年）“互联网+”大赛新增就业型创业组，主要面向高职高专院校，同时欢迎其他高校申报。参赛项目类型新增“互联网+”文化创意服务。至第四届（2018 年），大赛设立“高教主赛道”，并增设“青年红色筑梦之旅”赛道和国际赛道。其中，“青年红色筑梦之旅”赛道分为公益组和商业组，旨在助力精准

扶贫和乡村振兴；国际赛道则旨在打造大赛国际平台，包括未注册公司组和已注册公司组，由国际赛道专家组会同全球大学生创新创业联盟进行项目推荐。参赛项目类型将“互联网+”商务服务、公共服务合并为“互联网+”社会服务，参赛项目不仅限于“互联网+”项目。

第五届（2019 年）大赛特设职教赛道，仅限职业院校学生参加，参赛对象分为创意组和创业组；高教主赛道设创意组、初创组、成长组和师生共创组；“青年红色筑梦之旅”赛道维持公益组和商业组；国际赛道分为商业企业组、社会企业组和命题组。大赛采用申报遴选初赛、网络评审复赛和优胜项目现场全国总决赛三级赛制。同时，新增萌芽板块，专为普通高级中学在校生设立，项目由各地有关部门从已有中学生赛事获奖项目中推荐进入全国总决赛。

第六届（2020 年）大赛更名为中国国际“互联网+”大学生创新创业大赛，设有高教主赛道、“青年红色筑梦之旅”赛道、职教赛道和萌芽赛道，原国际赛道并入高教主赛道。参赛项目按参赛学校所在国家和地区分类。大赛分地区组织初赛、复赛，经网络评审后择优进入全国总决赛现场比赛。同时，萌芽板块增设网络评审环节。

第七届（2021 年）大赛调整参赛项目分组，新增本科生创意组和研究生创意组，以鼓励更多本科生参与；调整“青年红色筑梦之旅”参赛组别为公益组、创意组和创业组，使比赛更加多元化；职教赛道类别变为创新类、商业类、工匠类，以适应职业教育发展需求。

第八届（2022 年）大赛中，高教主赛道分为本科生组和研究生组，每组下设创意组、初创组、成长组，取消师生共创组。参赛项目类型改为“四新”学科分类。创业组项目股权结构要求调整，要求企业法定代表人的股权不得少于 1/3，参赛团队成员股权合计不得少于 51%。成长组项目取消投资限制。“青年红色筑梦之旅”赛道活动主题变为“红色青春筑梦创业人生，绿色发展助力乡村振兴”，并新增思政教育融合、传承红色基因、推进课程思政等内容。

第九届（2023 年）大赛中，“青年红色筑梦之旅”赛道的活动主题变为“强国有我新征程，乘风破浪向未来”，教育维度规则新增“厚植家国情怀”要求，并强调“三位一体”统筹推进教育、科技、人才工作的概念。同时，新增“科教融合”概念，强调科学研究与教育的融合与协同。

在决赛阶段，“互联网+大学生创新创业大赛”更名为“中国国际大学生创新大赛”。这一更名标志着大赛将更加聚焦于创新，同时淡化创业方面。更名后的赛事不仅强调了创新在当代社会的重要性，也反映了对大学生创业现实的理性认识。通过参与创新大赛，大学生能够积累宝贵的经验，提升创业素养，为未来的创业道路奠定坚实基础。此外，更名后的大赛更加注重项目的整体质量和潜力，而不仅仅局限于某个特定的领域或技术，有助于提高中国大学生在国际创新舞台上的地位和影响力。更名原因主要有两点：

首先，为了突出创新创业的核心地位。在新的时代背景下，创新创业已经成为推动经济发展、促进社会进步的重要力量。为了更好地体现大赛的宗旨和目的，即鼓励和推动创新创业，为参赛者提供一个展示才华、实现梦想的平台，大赛需要有一个更加鲜明的名称和定位。

其次，为了更好地反映大赛的核心理念。“互联网+”代表一种新的经济形态，即充分发挥互联网在生产要素配置中的优化和集成作用，将互联网的创新成果与经济社会各领域深度融合。此次更名旨在更好地反映这一核心理念。

最后，还有观点认为，大赛的更名也寓意着其专注于促进大学生的创新能力和创新实践，以更好地反映比赛的内涵和目标。

第七届比赛的主办单位新增了“国家乡村振兴局”，此举不仅彰显了国家对乡村振兴战略的重视，更预示着比赛在推动乡村振兴方面将扮演更加重要的角色。在教育维度上，通过“以赛促教”的方式，积极探索人才培养的新路径，同时借助“以赛促创”的机制，搭建起产教融合的新平台。这一变革不仅凸显了比赛在推动教育和产业发展中的关键作用，也进一步强调了产教融合的重要性。此外，将“更中国”的理念置于首位，强调红色基因的传承，旨在为全球提供中国经验和中国模式，从而增强国际影响力。这一变化充分展现了比赛在弘扬爱国主义精神、传承红色基因方面的历史使命和时代担当。

以更加中国化的视角，展现红色基因的深厚传承，彰显新时代高水平创新创业教育的辉煌成果，体现中国方案在全球创新创业人才培养中的独特贡献，从而提升中国高等教育的国际感召力。

在国际化方面，加强创新创业教育的国际交流与合作，汇聚全球顶尖高校、企业和创业者的智慧与力量，服务于国内大循环为主体、国内国际双循环相互促进的新发展格局，打造全球性的创新创业竞赛平台，扩大中国高等教育在国际舞台上的影响力。

在教育融合上，推动思想政治教育、专业教育与创新创业教育的深度融合，弘扬劳动精神，强化学生创新实践能力的培养，培育出敢于担当、勇于创新的新时代青年，以提升中国高等教育在塑造未来人才方面的能力。

在全面覆盖上，实现职普融通、产教融合、科教融汇，鼓励各学段学生积极参与，确保创新创业教育在高等教育、职业教育、基础教育以及留学生教育等各个领域和学段的全面覆盖，优化人才培养流程，提升中国高等教育在引领社会进步方面的作用。

在创新发展上，不断探索新的领域和赛道，塑造新的发展动能和优势，丰富竞赛的内容和形式，激发全社会的创新、创业、创造活力，推动高校创新成果的转化应用，服务于国家的创新发展战略，提升中国高等教育在创新引领方面的能力。

在协同合作上，充分利用大赛平台的作用，促进优质资源的共享与互通，形成开放大学、开放产业、开放问题的良好环境，推动大赛项目的落地转化，营造支持青年大学生创新创业、合作共进、相互包容、相互支持的优良生态。

（二）赛事安排

大赛采用三级赛制，分别为校级初赛、省级复赛和全国总决赛。校级初赛由各院校负责组织和实施，省级复赛则由各地相关部门负责组织和实施。在全国总决赛阶段，各地将按照大赛组委会所确定的配额，经过严格筛选和评估，择优推荐项目参赛。本次大赛不涵盖萌芽赛道及国际参赛项目（图 7-1）。

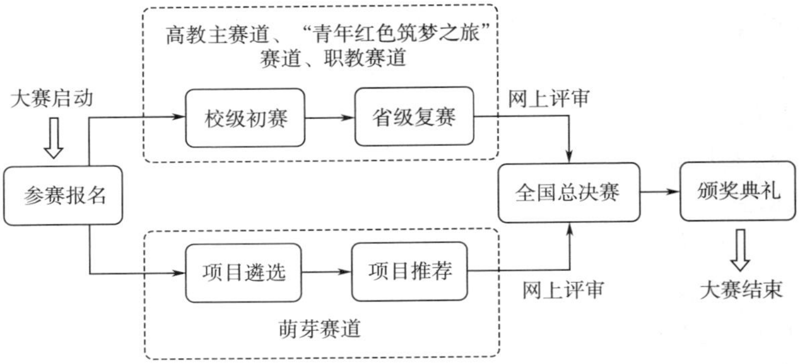

图 7-1　大赛赛制及流程

参赛组别

高教主赛道： 1. 本科生组：创意组、初创组、成长组

2. 研究生组：创意组、初创组、成长组

青年红色筑梦之旅赛道： 公益组、创意组、创业组

职教赛道： 创意组、创业组

参赛类别

高教主赛道： 新工科类、新医科类、新农科类、新文科类

青年红色筑梦之旅赛道： “互联网+”现代农业、“互联网+”制造业、“互联网+”信息技术服务、“互联网+”文化创意服务、“互联网+”社会服务

职教赛道： 创新类、商业类、工匠类

全国总决赛奖项名额有所增加，总数变为 4100 个项目，比第八届增加了 600 个。其中，高教主赛道增加 300 个，青年红色筑梦之旅赛道、职教赛道和产业命题

赛道各增加100个。相比去年，项目入围总决赛数量有大幅度的增加，这包括高教主赛道、国内项目、国际项目、红旅赛道和职教赛道等。这一变化表明比赛的规模和影响力在不断扩大。

高教主赛道：中国大陆参赛项目设金奖180个、银奖360个、铜奖1260个，中国港澳台地区参赛项目设金奖10个、银奖20个、铜奖另定，国际参赛项目设金奖50个、银奖100个、铜奖350个。设置最佳创意奖、最佳带动就业奖、最具商业价值奖等若干单项奖。获得金奖项目的指导教师为“优秀创新创业导师”（限前五名）。

青年红色筑梦之旅赛道：设置金奖60个、银奖120个、铜奖420个。设置乡村振兴奖、最佳公益奖等单项奖。获得金奖项目的指导教师为“优秀创新创业导师”（限前五名）。

职教赛道：设置金奖60个、银奖120个、铜奖420个。获得金奖项目的指导教师为“优秀创新创业导师”（限前五名）。

产业命题赛道：设置金奖40个、银奖80个和铜奖280个。

萌芽赛道：设置创新潜力奖20个。入围总决赛但未获创新潜力奖的项目，发放“入围总决赛”证书。

至2023年，九届“互联网+”大赛的报名参赛院校、项目、人员数量迭创新高，影响力不断扩大。在第九届大赛中，共有来自国内外151个国家和地区5296所学校的421万个项目、1709万人次报名参赛。六届大赛累计参赛学生人数，已从20万人激增到1709万人，参赛团队从5万个增长至421万个，“互联网+”大赛已经快速成长为国内参赛规模最大、影响力最广的大学生创新创业比赛之一。

（三）参赛要求

（1）参赛项目需紧密结合经济社会各领域实际需求，充分展示高校在新工科、新医科、新农科、新文科建设方面所取得的成果，推动新产品、新服务、新业态、新模式的培育，助力制造业、农业、卫生、能源、环保、战略性新兴产业等产业的转型升级，同时推动数字技术与教育、医疗、交通、金融、消费生活、文化传播等领域的深度融合。

（2）参赛项目应传递正能量，积极践行社会主义核心价值观，内容需真实、健康、合法。项目内容不得违反《中华人民共和国宪法》及其他相关法律法规。所涉及的发明创造、专利技术、资源等必须拥有清晰合法的知识产权或物权。对于抄袭盗用他人成果、提供虚假材料等违反法律法规或大赛精神的行为，一经发现将即刻取消参赛资格及所获奖项，并须承担全部法律责任。

（3）每个参赛团队只能选择一个符合条件的赛道进行报名。参赛团队的代表学校将根据团队负责人的学籍或学历确定，且每个团队所代表的学校具有唯一性。团队需在报名系统中按时如实填写并提交项目相关材料。已在本大赛往届总决赛各赛道获得金奖和银奖的项目，不得报名参加本届大赛。

（4）参赛人员（不包括产业命题赛道中的教师成员）的年龄不得超过35岁。

（5）各省级教育行政部门及相关学校需严格审查参赛项目的合规性和真实性，审查内容涵盖参赛资格、科技成果、知识产权、财务状况、运营情况以及荣誉奖项等方面。

（6）对于高教主赛道，每所高校入选总决赛的项目不得超过5个；“青年红色筑梦之旅”赛道，每所院校入选总决赛的项目不得超过3个；职教赛道，每所院校入选总决赛的项目不得超过3个；产业命题赛道，每道命题每所院校入选的项目不得超过3个；萌芽赛道，每所学校入选总决赛的项目不得超过2个。

（四）评审规则

1. 高教主赛道创意组项目评审要点（表7-1）

表7-1　高教主赛道创意组项目评审要点

评审要点	评审内容	分值
教育维度	1. 项目应弘扬正确的价值观，厚植家国情怀，恪守伦理规范，有助于培育创新创业精神 2. 项目符合将专业知识与商业知识有效结合并转化为商业价值或社会价值的创新创业基本过程和基本逻辑，展现创新创业教育对创业者基本素养和认知的塑造力 3. 体现团队对创新创业所需知识（专业知识、商业知识、行业知识等）与技能（计划、组织、领导、控制、创新等）的娴熟掌握与应用，展现创新创业教育提升创业者综合能力的效力 4. 项目充分体现团队解决复杂问题的综合能力和高级思维；体现项目成长对团队成员创新创业精神、意识、能力的锻炼和提升作用 5. 项目能充分体现院校在“三位一体”统筹推进教育、科技、人才工作，扎实推进新工科、新医科、新农科、新文科建设方面取得的成果，体现院校在项目的培育、孵化等方面的支持情况，体现产教融合、科教融汇、多学科交叉、专创融合、产学研协同创新等模式在项目的产生与执行中的重要作用	30
创新维度	1. 项目遵循从创意到研发、试制、生产、进入市场的创新一般过程，进而实现从创意向实践、从基础研发向应用研发的跨越 2. 团队能够基于学科专业知识并运用各类创新的理念和范式，解决社会和市场的实际需求 3. 项目能够从产品创新、工艺流程创新、服务创新、商业模式创新等方面着手开展创新创业实践，并产生一定数量和质量的创新成果以体现团队的创新力	20

续表

评审要点	评审内容	分值
团队维度	1. 团队的组成原则与过程是否科学合理，团队是否具有支撑项目成长的知识、技术和经验；是否有明确的使命愿景 2. 团队的组织构架、人员配置、分工协作、能力结构、专业结构、合作机制、激励制度等的合理性情况 3. 团队与项目关系的真实性、紧密性情况对项目的各项投入情况；创立创业企业的可能性情况 4. 支撑项目发展的合作伙伴等外部资源的使用以及与项目关系的情况	20
商业维度	1. 充分了解所在产业（行业）的产业规模、增长速度、竞争格局、产业趋势、产业政策等情况，形成完备、深刻的产业认知 2. 项目具有明确的目标市场定位，对目标市场的特征、需求等情况有清晰的了解，并据此制订合理的营销、运营、财务等计划，设计出完整、创新、可行的商业模式，展现团队的商业思维 3. 项目落地执行情况，项目对促进区域经济发展、产业转型升级的情况；已有盈利能力或盈利潜力情况	20
社会价值维度	1. 项目直接提供就业岗位的数量和质量 2. 项目间接带动就业的能力和规模 3. 项目对社会文明、生态文明、民生福祉等方面的积极推动作用	10

2. “青年红色筑梦之旅”公益组赛道项目评审要点（表 7-2）

表 7-2　“青年红色筑梦之旅”公益组赛道项目评审要点

评审要点	评审内容	分值
教育维度	1. 项目应弘扬正确的价值观，厚植家国情怀，恪守伦理规范，有助于培育创新创业精神 2. 项目体现团队扎根中国大地了解国情民情，遵循发现问题、分析问题、解决问题的基本规律，将所学专业知识、技能和方法应用于解决各类社会问题，展现创新创业教育对创业者基本素养和认知的塑造力和提升创业者综合能力的效力 3. 项目充分体现团队解决复杂问题的综合能力和高级思维，体现项目成长对团队成员创新创业精神、意识、能力的锻炼和提升作用 4. 项目能充分体现院校在“三位一体”统筹推进教育、科技、人才工作，扎实推进新工科、新医科、新农科、新文科建设方面取得的成果，项目充分体现专业教育、思政教育、创新创业教育的有机融合，体现院校在项目的培育、孵化等方面的支持情况	30
公益维度	1. 项目以社会价值为导向，以谋求公共利益为目的，以解决社会问题为使命，不以营利为目标，有一定公益成果 2. 在公益服务领域具有较好的创意、产品或服务模式的创业计划和实践，追求社会效益的最大化	10

续表

评审要点	评审内容	分值
团队维度	1. 团队的组成原则与过程是否科学合理，是否具有从事公益创业所需的知识、技术和经验，是否有明确的使命愿景 2. 团队内部的组织构架、人员配置、分工协作、能力结构、专业结构、激励制度的合理性情况；团队外部服务支撑体系完备（如志愿者团队等）、具有一定规模、实施有效管理使其发挥重要作用的情况 3. 团队与项目关系的真实性、紧密性情况，团队对项目的各项投入情况；团队的延续性或接替性情况 4. 支撑项目发展的合作伙伴等外部资源的使用以及与项目关系的情况	20
发展维度	1. 项目通过吸纳捐赠、获取政府资助、自营收等方式确保持续生存能力情况 2. 团队基于一定的产品、服务、模式，通过高效管理、资源整合、活动策划等运营手段，确保项目影响力与实效性 3. 项目在促进就业、教育、医疗、养老、环境保护与生态建设等方面的效果 4. 项目的模式可复制、可推广，具有示范效应 5. 项目对带动大学生到农村、城乡社区从事社会服务就业创业的情况	20
创新维度	1. 团队能够基于科学严谨的创新过程，遵循创新规律，运用各类创新的理念和范式，解决社会实际需求 2. 项目能够从产品创新、服务创新等方面着手开展公益创业实践，并产生一定数量和质量的创新成果 3. 鼓励将高校科研成果运用到公益创业中，以解决相应的社会问题	20
必要条件	参加由学校、省市或全国组织的“青年红色筑梦之旅”活动	

3. 产业命题赛道项目评审要点（表 7-3）

表 7-3　产业命题赛道项目评审要点

评审要点	评审内容	分值
教育维度	1. 项目应弘扬正确的价值观，厚植家国情怀，恪守伦理规范，有助于培育创新创业精神 2. 项目符合将专业知识与产业实际问题有效结合，并转化为商业价值或社会价值，展现创新创业教育对创业者基本素养和认知的塑造力和提升创业者综合能力的效力 3. 项目充分体现团队解决复杂问题的综合能力和高级思维，体现项目成长对团队成员创新创业精神、意识、能力的锻炼和提升作用 4. 项目能充分体现院校在“三位一体”统筹推进教育、科技、人才工作，扎实推进新工科、新医科、新农科、新文科建设方面取得的成果，体现院校在项目的培育、孵化等方面的支持情况，体现产教融合、科教融汇、多学科交叉、专创融合、产学研协同创新等模式在项目的产生与执行中的重要作用	30

续表

评审要点	评审内容	分值
命题分析	1. 全方位开展与所选命题相关的产业（行业）的产业规模、增长速度、竞争格局、产业趋势、产业政策以及市场的定位、特征、需求等方面的调研，形成一手资料 2. 系统、深入了解企业（机构）内外部环境情况，通过与企业对接，准确把握其实际需求与痛点，明确解决该命题所需的各类资源 3. 结合企业（机构）的产品、技术、模式、管理、制度等现实情况与本团队的创意、技术、方案、人才等实际情况，展开解题可行性和匹配度分析，为形成解决方案奠定基础	10
创新维度	1. 用于解决命题的创意、技术、方案、模式等的先进性情况 2. 团队基于科学严谨的创新过程，遵循创新规律，运用各类创新的理念和范式解决命题 3. 基于产业命题赛道开放创新的内在要求，促进企业（机构）将内外部资源有机整合，提高其创新效率的情况	20
团队维度	1. 团队的组成原则与过程是否科学合理，是否具有支撑解决命题的知识、技术和经验 2. 团队的组织构架、人员配置、分工协作、能力互补、专业结构的合理性情况 3. 团队与项目关系的真实性、紧密性情况，团队对项目的各项投入情况，团队与企业（机构）持续合作的可能性情况 4. 支撑项目发展的合作伙伴等外部资源的使用以及与项目关系的情况	20
实现维度	1. 解决命题过程的规划和工作进度安排合理，在各阶段工作目标清晰，难点明确，重点突出，并能兼顾目标与资源配置 2. 解决方案匹配企业（机构）命题要求，解决方案具备先进性、现实性、经济性、高完成度等特点 3. 命题解决方案是否解决企业（机构）命题中涉及的问题，以及为企业（机构）带来经济效益、社会效益的潜力情况	20

4. 萌芽赛道项目评审要点（表 7-4）

表 7-4　萌芽赛道项目评审要点

评审要点	评审内容	分值
创新性	1. 项目的想象力和创造力，就发现的问题和解决途径进行创意设计，创意设计过程符合客观规律 2. 科技创意证据充分，有足够的科学研究参与度（调查、实验、制作、验证等） 3. 文化创意逻辑清晰、完整，调研和分析数据充分	40
实践性	1. 项目的可行性、应用性和完整性 2. 项目具备可执行的计划或实践方案 3. 项目具有可预见价值，能够让未来的生活更美好	20

续表

评审要点	评审内容	分值
自主性	1. 项目符合团队成员年龄段的知识结构和实施项目能力 2. 项目选题、创意模式构建主要由学生提出和完成 3. 团队成员能够准确表述项目内容及原理，真实可信 4. 涉及科技成果和专利发明的，需提供证明材料或授权证明材料	20
团队情况	1. 团队成员的创新精神和创新意识与能力 2. 项目团队成员的教育背景、基本素质、价值观念、知识结构、擅长领域 3. 团队构成和分工协作合理	20

（五）其他重要创新创业类大赛

中国国际“互联网+”大学生创新创业大赛、“创青春”全国大学生创业大赛及全国大学生电子商务“创新、创意及创业”挑战赛，均旨在激发大学生的创新意识，锤炼创意思维，并提升创业能力。这些竞赛是国内最具影响力的创新创业类赛事，专为高校大学生量身定制，并围绕通用主题展开，对于推动高校创新创业教育发展具有重要意义。

其他在社会各界产生广泛影响的大学生创新创业类竞赛，大致可被归为以下三类：

第一类是涉及宽泛产业领域的大学生创新创业竞赛，如中国大学生服务外包创新创业大赛和 iCAN 国际大学生创新创业大赛等。这些竞赛主要围绕服务外包产业、高科技产业等较为宽泛的专业领域展开，旨在激发大学生在这些领域的创新精神和创业能力。

第二类是专注于某一具体细分产业或学科专业的大学生创新创业竞赛，例如全国高校智能交通创新与创业大赛、全国“互联网+”快递业创新创业大赛等。这些竞赛聚焦于特定的产业或学科领域，如智能交通、快递业等，旨在推动大学生在这些领域的深度创新和创业实践。

第三类则是特别针对职业教育学生（如职教、技校等特定院校学生）的创新创业竞赛，如中华职业教育创新创业大赛和全国高等职业院校“发明杯”大学生创新创业大赛等。这些竞赛旨在激发职业教育学生的创新精神和创业潜能，推动他们在实际产业中的应用和实践。

此外，还存在一些面向全社会、符合相关条件的团队或大学生可自愿参加的创新创业竞赛，如中国创新创业大赛和“创青春”中国青年创新创业大赛等。这些竞赛不仅限于大学生，也欢迎社会各界的有志之士参与，共同推动创新创业事业的发展。表 7-5 中列举了一些在国内外具有较大影响力的创新创业大赛，以供参考。

表 7-5　国际与国内创新创业大赛

序号	竞赛名称	备注
1	中国国际“互联网+”大学生创新创业大赛	2015 年
2	“挑战杯”全国大学生课外学术科技作品竞赛	
3	“挑战杯”中国大学生创业计划竞赛	1999 年
4	ACM-ICPC 国际大学生程序设计竞赛	
5	全国大学生数学建模竞赛	
6	全国大学生电子设计竞赛	
7	中国大学生医学技术技能大赛	
8	全国大学生机械创新设计大赛	
9	全国大学生结构设计竞赛	
10	全国大学生广告艺术大赛	
11	全国大学生智能汽车竞赛	
12	全国大学生电子商务“创新、创意及创业”挑战赛	
13	中国大学生工程实践与创新能力大赛	
14	全国大学生物流设计大赛	
15	外研社全国大学生英语系列赛——英语演讲、英语辩论、英语写作、英语阅读	
16	两岸新锐设计竞赛·华灿奖	
17	全国大学生创新创业训练计划年会展示	
18	全国大学生化工设计竞赛	
19	全国大学生机器人大赛——RoboMaster、RoboCon	
20	全国大学生市场调查与分析大赛	
21	全国大学生先进成图技术与产品信息建模创新大赛	
22	全国三维数字化创新设计大赛	
23	“西门子杯”中国智能制造挑战赛	
24	中国大学生服务外包创新创业大赛	
25	中国大学生计算机设计大赛	
26	中国高校计算机大赛——大数据挑战赛、团体程序设计天梯赛、移动应用创新赛、网络技术挑战赛、人工智能创意赛	
27	蓝桥杯全国软件和信息技术专业人才大赛	
28	米兰设计周——中国高校设计学科师生优秀作品展	
29	全国大学生地质技能竞赛	

续表

序号	竞赛名称	备注
30	全国大学生光电设计竞赛	
31	全国大学生集成电路创新创业大赛	
32	全国大学生金相技能大赛	
33	全国大学生信息安全竞赛	
34	未来设计师·全国高校数字艺术设计大赛	
35	全国周培源大学生力学竞赛	
36	中国大学生机械工程创新创意大赛	原中国大学生机械工程创新创意大赛——过程装备实践与创新赛、铸造工艺设计赛、材料热处理创新创业赛、起重机创意赛、智能制造大赛
37	中国机器人大赛暨 RoboCup 机器人世界杯中国赛	
38	“中国软件杯”大学生软件设计大赛	
39	中美青年创客大赛	
40	睿抗机器人开发者大赛（RAICOM）	原 RoboCom 机器人开发者大赛
41	“大唐杯”全国大学生新一代信息通信技术大赛	原“大唐杯”全国大学生移动通信 5G 技术大赛
42	华为 ICT 大赛	
43	全国大学生嵌入式芯片与系统设计竞赛	
44	全国大学生生命科学竞赛（CULSC）	原全国大学生生命科学竞赛（CULSC）——生命科学竞赛、生命创新创业大赛
45	全国大学生物理实验竞赛	
46	全国高校 BIM 毕业设计创新大赛	
47	全国高校商业精英挑战赛——品牌策划竞赛、会展专业创新创业实践竞赛、国际贸易竞赛、创新创业竞赛、会计与商业管理案例竞赛	会计与商业管理案例竞赛为 2023 年新增
48	“学创杯”全国大学生创业综合模拟大赛	
49	中国高校智能机器人创意大赛	
50	中国好创意暨全国数字艺术设计大赛	
51	中国机器人及人工智能大赛	
52	全国大学生节能减排社会实践与科技竞赛	2023 年重新纳入
53	“21 世纪杯”全国英语演讲比赛	

续表

序号	竞赛名称	备注
54	iCAN 大学生创新创业大赛	2023 年新增
55	“工行杯 ” 全国大学生金融科技创新大赛	2021 年开始
56	中华经典诵写讲大赛	2019 年开始
57	“外教社杯 ” 全国高校学生跨文化能力大赛	2016 年开始
58	百度之星・程序设计大赛	2014 年新增
59	全国大学生工业设计大赛	2001 年开始
60	全国大学生水利创新设计大赛	2009 年开始
61	全国大学生化工实验大赛	2017 年开始
62	全国大学生化学实验创新设计大赛	2009 年开始
63	全国大学生计算机系统能力大赛	2021 年开始
64	全国大学生花园设计建造竞赛	2017 年新增
65	全国大学生物联网设计竞赛	2014 年开始
66	全国大学生信息安全与对抗技术竞赛	2004 年开始
67	全国大学生测绘学科创新创业智能大赛	2023 年新增
68	全国大学生统计建模大赛	2009 年开始
69	全国大学生能源经济学术创意大赛	2015 年开始
70	全国大学生基础医学创新研究暨实验设计论坛（大赛）	2021 年开始
71	全国大学生数字媒体科技作品及创意竞赛	2011 年开始
72	全国本科院校税收风险管控案例大赛	2018 年开始
73	全国企业竞争模拟大赛	2001 年开始
74	全国高等院校数智化企业经营沙盘大赛	2005 年开始
75	全国数字建筑创新应用大赛	2008 年新增
76	全球校园人工智能算法精英大赛	2019 年开始
77	国际大学生智能农业装备创新大赛	2015 年新增
78	“科云杯 ” 全国大学生财会职业能力大赛	2023 年新增
79	全国职业院校技能大赛	高职赛
80	全国大学生机器人大赛 RoboTac	高职赛
81	世界技能大赛	高职赛
82	世界技能大赛中国选拔赛	高职赛
83	一带一路暨金砖国家技能发展与技术创新大赛	2023 年新增高职赛
84	码蹄杯全国职业院校程序设计大赛	2023 年新增高职赛

注：综合考虑竞赛入榜年份、竞赛影响力进行排序，本书观点仅供参考。

二、“创青春”全国大学生创业大赛

(一) 大赛简介

“创青春”全国大学生创业大赛，前身为“挑战杯”中国大学生创业计划竞赛。为响应国家与社会发展新要求，适应大学生创业发展新趋势，2014 年由共青团中央、中国科协、教育部和全国学联，以及举办地人民政府共同发起并主办的这一全国性大学生课外学术实践竞赛。被誉为中国大学生科技创新创业的“奥林匹克”盛会，它不仅受到国内大学生的广泛关注，更是国内最具代表性、权威性、示范性和导向性的大学生竞赛之一。

“挑战杯”全国大学生系列科技学术竞赛，包括两个主要项目。其一是“挑战杯”中国大学生创业计划竞赛，简称“挑战杯”创赛或小挑，自 1999 年起举办首届。其二是“挑战杯”全国大学生课外学术科技作品竞赛，简称“挑战杯”科赛或大挑，始于 1989 年。这两个项目每两年交叉轮流举办一届全国竞赛。

1999—2012 年，“挑战杯”中国大学生创业计划竞赛共举办了八届。其中，2012 年的第八届竞赛首次将参赛作品分为“已创业”和“未创业”两类，并实施了逐级报备制度，以更好地体现竞赛设计的科学性和作品的实用性。

自 2014 年起，“挑战杯”中国大学生创业计划竞赛升级为“创青春”全国大学生创业大赛，并增加了创业实践挑战赛、公益创业赛等专项赛事。这一改革旨在培养学生的创新意识、启迪创意思维、提升创造能力，以及造就创业人才。

“创青春”全国大学生创业大赛由共青团中央、教育部等五大部门和湖北省人民政府共同主办，以“中国梦，创业梦，我的梦”为主题。大赛分为主体赛事和专项赛事，主体赛事包括大学生创业计划大赛（即第九届“挑战杯”中国大学生创业计划竞赛）、创业实践挑战赛和公益创业赛，而专项赛则分为 MBA 专项赛和移动互联网创业专项赛。

在竞赛方式上，“创青春”大赛分为校级初赛、省级复赛和全国决赛三个阶段。校级初赛由各校组织，广泛发动学生参与，选拔参加省级复赛的项目。省级复赛由各省（自治区、直辖市）组织，选拔参加全国决赛的项目。全国决赛则由全国组委会聘请专家根据项目的社会价值、实践过程、创新意义、发展前景和团队协作等综合评定金奖、银奖、铜奖等项目。在大赛期间，还会组织参赛项目进行交流展示活动。

最后，值得一提的是，2023 年 10 月 27—31 日，第十八届“挑战杯”全国大学生课外学术科技作品竞赛在贵州大学成功举办。这一活动无疑为广大学生提供了一个展示才华、交流学习的良好平台，进一步推动了大学生创新创业教育的蓬勃发展。

(二) 参赛要求

挑战杯的参赛规定因年度与主办方的不同而有所调整。在一般情况下，参赛需满足以下条件（表 7-6）：

（1）参赛者需为本科生或研究生，可单独或以团队形式参赛，团队人数通常不超过五人。

（2）提交的作品需与主办方规定的主题或领域相符，可以是课外学术科技作品或创业计划等。这些作品必须是原创，且未在其他比赛中获奖。

（3）参赛者需按照主办方要求提交作品，包括作品说明书、演示文稿、视频等相关材料，并确保提交的作品符合规定的格式和标准。

（4）部分挑战杯比赛可能需要参赛者支付一定的参赛费用，具体费用标准需在报名时核实。

（5）参赛者还需满足主办方规定的资格要求，如学历、年级等限制，并严格遵守比赛规则，不得有任何作弊或抄袭等违规行为。

请注意，具体的参赛规定可能因主办方和年份的不同而有所调整。因此，参赛者在报名前务必仔细阅读比赛通知和规则，确保自己符合参赛要求并充分了解比赛流程。

表 7-6　“创青春”大赛各类竞赛参赛要求

类别	竞赛名称	参赛对象	参赛项目	参赛形式与限项
主体赛事	大学生创业计划竞赛	正式注册的全日制非成人教育的高等院校在校生，包括专科生、本科生、硕士研究生和博士研究生（均不含在职研究生）可参加全部 3 项主体赛事 毕业未满 3 年的高校毕业生可代表最终学历颁发高校参加创业实践挑战赛	参赛项目分为已创业与未创业两类，或根据参赛对象分为普通高校、职业院校两类，分为 7 个组别：农林、畜牧、食品及相关产业；生物医药、化工技术和环境科学信息技术和电子商务；材料机械能源；文化创意和服务咨询。实行分类、分组申报	以学校为单位统一申报，以创业团队形式参赛 每个学校选送参加全国大赛的项目总数不超过 6 件，其中，大学生创业计划竞赛的项目不超过 3 件，创业实践挑战赛项目不超过 2 件，公益创业赛的项目不超过 1 件，每人（团队）限报 1 件 每个参赛项目只可选择参加一项主体赛事
	公益创业赛		拥有较强的公益特征、创业特征、实践特征的项目。不区分具体类别组别	
	创业实践挑战赛		参赛项目拥有或授权拥有产品或服务，并已在工商、民政等政府部门注册登记为企业、个体工商户、民办非企业单位等组织形式，且法人代表或经营者符合参赛对象规定，运营时间在 3 个月以上。不区分具体类别组别	

续表

类别	竞赛名称	参赛对象	参赛项目	参赛形式与限项
专项赛事	主题专项赛	正式注册的全日制非成人教育的各类高校在校专科生、本科生、硕士研究生和博士研究生（均不含在职研究生）或毕业未满3年的高校毕业生	通过提交创业项目计划书参赛，是否已投入创业不限，鼓励申报已运营的项目，项目须符合专项赛事的主题范围竞赛分实践类、创意类分别进行比赛，实践类为已经投入实际运营的项目，创意类为还未投入实际运营的项目，同一个项目只能参与其中一类比赛	每所高校最多可申报3个项目参赛
	MBA专项赛	项目负责人必须是正式注册且就读MBA专业的在校学生，其他成员为全日制高校在校生或毕业未满3年的高校毕业生	通过申报创业项目计划书参赛，是否已投入创业及创业领域不限。申报不区分具体组别	设有MBA专业的学校以创业团队的形式参赛 每所高校只能组成1支团队参赛

第八章　创新创业项目前期准备

在推进创新创业类项目的过程中，前期准备是保障项目顺利进行的基石。无论是初创企业家还是参赛团队负责人，都需要具备创新思维、创业精神、必要的创业特质与能力，以及丰富的创业知识与资源。只有这样，他们才能敏锐地识别并抓住机遇，有效地组织团队，灵活地调配资源，迅速地将机会转化为商业价值，形成具有创新性的商业构想，并制订和执行详尽的创业计划，从而为目标客户带来独特的价值。

本章将按照创新创业类项目成功推进的必备步骤，层层剖析创业者的核心素质、创业流程的关键活动以及创业成功的核心要素等前期实践准备。将提供一个系统的分析框架，以指导如何全面、细致地做好创新创业类项目的前期准备工作，确保项目的成功实施。

一、市场调研与分析

1. 目的与重要性

深入了解目标市场的规模、增长趋势、消费者需求与偏好，对于制定精准的市场战略至关重要。

2. 资料与数据来源

（1）企业内部资料包括产品历史销售数据、用户反馈、内部市场分析报告等。

（2）外部数据资源涉及国际、国内及区域市场报告、行业分析、消费者调研数据等。

3. 数据分类与采集

（1）一手资料：通过实地调研、问卷调查、深度访谈等方式获取，这些数据往往更为准确、深入，但需要较多的人力、时间和经费支持。

（2）二手资料：主要源于公开出版物、网络数据库、政府部门统计等，其获取相对便捷，但数据的准确性和时效性可能有所欠缺。

4. 市场调查方案设计

市场调查方案的设计应综合考虑研究目的、资源投入、时间安排等因素，确保调查的有效性和可操作性。具体设计流程如图 8-1 所示。

5. 总结与建议

在收集和分析市场资料时，应注重数据的准确性和时效性，同时结合企业实际情况，制定合理的市场策略。

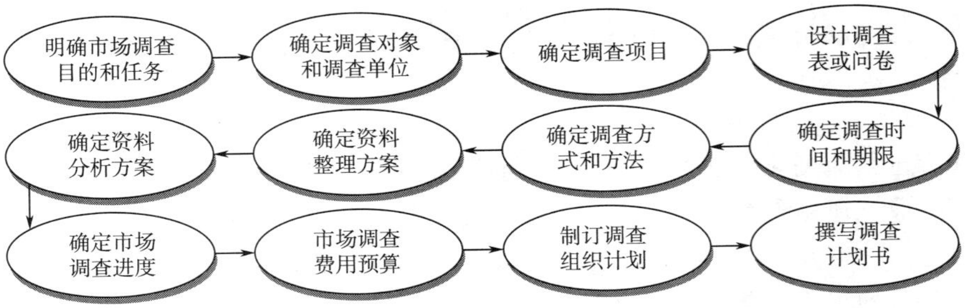

图 8-1　市场调查方案设计步骤

市场调查涉及的内容广泛且多元。然而，在进行市场调查的训练时，我们并不能无差别地涵盖所有方面，而应基于市场调查的目的，有针对性地选择并涉及相关内容，以便为市场预测和经营决策提供有力的数据支持。其中，消费者市场作为最终产品的目标市场，其重要性不言而喻，因此，消费者市场成为模拟企业市场调查中的核心内容。

二、市场调研主要内容

1. 环境调查

经过缜密分析，环境调查涵盖政治、经济以及社会文化三大层面。在政治环境方面，调查工作聚焦于政府出台的各项政策与法令，诸如国家税收政策、价格政策等多元化政策体系，同时涵盖食品安全法、广告法、保险法及环境保护法等法律法规。经济环境调查则主要围绕全校人口总数、人均支出、个人收入以及交通运输条件等核心要素展开。至于社会文化环境调查，则着重全校师生的教育程度、来源地分布与比例、民族分布、校园文化、风俗习惯及审美观念等维度的细致探究。

2. 需求容量调查

经过严谨的市场调研，我们发现需求量的调查涵盖了商品市场的最大、最小、最可能的需求数量，以及潜在需求数量。同时，调研还深入探讨了现有和潜在的购买人数，现有与潜在的供应数量，以及不同产品的市场规模与特征。此外，调研还对不同地域的销售机遇进行了全面分析，并评估了本企业商品的市场占有率。同时，我们也关注了相关企业同类产品的市场竞争态势，以便更好地了解市场动态，为企业的决策提供有力支持。

3. 消费者及其消费行为调查

消费者调查，是一项系统而严谨的工作，涉及消费者个人的多方面信息，如年龄、性别、职业、民族、文化水平、居住地等社会背景，以及消费水平、消费习惯等经济行为。这些信息的收集与分析，有助于我们更深入地了解消费者的需求和行为模式。

此外，消费者购买行为的调查也是其中一项重要内容。这包括了对消费者购买方式的深入研究，如经常性购买、选择性购买、试探性购买等不同的购买方式。同时，购买动机的调查也是关键一环，涉及消费者的感情动机、理智动机和惠顾动机等多个方面。这些信息的获取，有助于我们更准确地把握消费者的购买决策过程，为企业的市场策略提供有力的数据支持。

4. 商品调查

商品调查涵盖多个方面，具体如下：

（1）商品效用评估，涉及商品形态、尺寸、重量、色彩、审美、易用性、耐用性、可靠性及安全性等因素。

（2）顾客反馈收集，主要关注顾客对商品及服务的期望、意见及评价。

（3）产品生命周期分析，探讨商品在其生命周期中所处的阶段以及是否存在新的销售潜力领域。

（4）商品包装评估，考察包装的美观性、便携性、安全性及是否符合环保要求。

此外，无论涉足哪个行业或创办何种企业，均须面对竞争。竞争对手是企业市场环境的重要组成部分，它们如同镜子般映照出企业的综合实力，提醒我们存在的不足和错误，激励我们不断进步和超越自我。因此，为了取得竞争优势，首要任务是深入了解竞争对手。

5. 竞争对手调查

（1）对竞争企业的全面调研，涵盖竞争对手数量、市场占有率、生产能力、生产方式与成本、技术水平、产品特性与服务项目、促销方式、营销策略、地理位置及运输条件等。

（2）对竞争产品的深入分析，涉及产品特性、品质、用途、功能、包装及价格等方面。

在选择主要竞争对手时，可遵循以下思路。①地域相近性：选择地理位置接近的企业作为主要竞争对手，因它们可能直接与你争夺目标市场份额。②产品或服务相似性：将那些市场定位相同、提供类似产品或服务的企业视为主要竞争对手。③销售策略相似性：将与你采用相同销售渠道或营销策略的企业列为主要竞争对手。

（3）提升竞争对手分析的精准度。在对竞争对手进行深入分析时，每一项内容都需细致且具备针对性。有的企业虽能广泛收集竞争对手的各类信息，但在整理之后往往未能深入挖掘其深层含义。因此，我们必须清晰地认识到，分析竞争对手的核心目的是什么。基于战略管理的视角，对竞争对手的分析旨在明确本企业在与竞争对手对比中的优劣势，以及竞争对手给本企业带来的机遇和挑战，从而为企业的战略规划提供坚实的支撑。在此过程中，对竞争对手信息的筛选至关重要，应精准剔除无用信息，确保分析工作的精准性和效率，避免盲目劳作。

（4）界定竞争对手的范畴。对于初创企业而言，竞争对手分析应当遵循“从宏观到微观”的逻辑框架来展开。宏观层面，意味着要放眼整个国内市场，乃至全球市场，深入了解即将涉足的行业的架构和发展动态。在这一阶段，企业应以学习者的姿态，从已经在国内外市场取得显著成就的企业中汲取经验。这些企业能够展示行业未来的发展趋势，并分享诸多成功的实践和策略，对初创企业打造自身商业模式具有重要启示作用。获取这些企业的信息并非难事，关键在于具备系统性整理和分析的能力。当企业能够清晰回答以下问题时，表明在宏观层面的分析工作已初见成效：哪些企业在技术上处于行业领先地位？哪些企业拥有较高的利润水平？哪些企业的品牌影响力最为显著？哪些企业最受消费者欢迎？等等。在识别出这些企业后，应持续关注其动态，探究其成功的内在逻辑，并以谦逊的态度从中汲取智慧。

微观层面，是指那些直接对企业经营活动产生影响的竞争者，包括资源供应商、物流与运输企业、替代品生产商、客户群体、潜在竞争者以及目标市场的现有企业等。这些竞争者的存在将直接影响企业的产品或服务质量、成本结构、盈利能力以及市场竞争力。资源供应商是指为企业提供原材料、辅助材料、燃料、零部件等的企业。企业可能与资源供应商在价格、交货期、质量保证、售后服务等方面展开竞争。为确保以较低的成本获取稳定的资源供应，保障生产经营活动的顺利进行，以及产品或服务质量的稳定，企业应积极寻找并培养优秀的资源供应商。这些优秀的资源供应商通常具备如下特征：重合同、守信用，具有良好的商业信誉；企业经营历史悠久，实力雄厚；产品质量稳定可靠，在市场上获得广泛认可，口碑良好等。企业应致力于与这些优秀的资源供应商建立“竞争+合作”的关系，共同构建在企业成长过程中相互支持、共同发展的命运共同体。

6. 价格调查

商品价格调查旨在对比分析本企业与竞争企业同类商品的定价差异，并深入探究企业在实施浮动价格、优惠价格以及竞销价格策略时的最佳时机。通过此项调查，企业能够更全面地了解市场动态，为制定合理的价格策略提供有力支持。

7. 销售方式和服务调查

经过深入调研，发现商品销售方式与服务涉及多个层面。首先，需明确促销策略，这包括人员促销与非人员促销两大类。在非人员促销中，广告与折扣是两种重要的手段。其次，需要关注广告设计的内容，以及如何确保广告能够达到预期的效果。最后，优质的销售服务咨询也是提升客户满意度、增强品牌形象的关键环节，需对此进行深入探讨并制定相应策略。

三、调查表及调查问卷

1. 调查表

这是一种以纵横交错的表格形式，按照特定顺序排列调查项目的工具。调查表旨在系统地整理和记录所需的市场数据。

2. 问卷

这是一种经过精心设计的测试试卷，通过向被调查者进行调查、询问和填答的方式，收集相关的市场资料。问卷与调查表一样，都是团队在市场调研中不可或缺的数据收集工具。

3. 确定调查时间

为确保调查工作的有序进行和高效完成，需明确团队的调查时间，即调查工作的起始与终止日期。例如，将调查时间定于 10 月 13—15 日。此时间范围涵盖了从调查方案的设计到最终调查报告的提交等各个环节的时间安排，同时明确了各阶段工作的起始时间。此举旨在保障调查工作的及时启动与按时完成。鉴于信息资料的时效性对调查工作的重要性，在条件允许的情况下，建议适当缩短调查期限，以提高工作效率和准确性。

4. 确定调查方式和方法

在策划调查方案时，团队必须明确选择何种组织方式和方法以搜集相关资料。常用的资料搜集手段包括普查和抽样调查等。至于具体的调查方法，则涵盖文案法、访问法、观察法以及实验法等。在实际操作过程中，应根据调查对象和调查任务的不同，灵活选择适合的方式和方法。通常，为了确保能够准确、及时且全面地掌握市场信息，我们特别强调应结合运用多种调查方式。

5. 确定资料整理的方案

经团队搜集的原始资料普遍呈现出零散、非系统化的特点，仅能够揭示事物的表面现象，无法深入探究其本质规律。因此，我们必须对这些原始资料进行全面的审核、订正、编码、分类和汇总等工作，以实现其系统化和条理化。在这一过程中，还需根据实际情况，确定采用定性分析还是定量分析的方法，以确保分析结果的准确性和有效性。

6. 确定分析研究的方案

团队应对分析的原则、内容、方法、要求、调查报告的编写等做出安排。

为确保市场调查的有序进行和高效实施，需对市场调查的各个阶段进行明确规划和合理安排。市场调查的进度一般可以分为以下几个重要阶段：

（1）总体方案的论证与设计阶段，此阶段主要对市场调查的总体目标、范围、方法和资源进行合理规划。

（2）抽样方案的设计与实施阶段，该阶段需要详细规划抽样策略，确保样本的代表性和准确性，并制定调查实施的具体细节和规定。

（3）问卷设计与测试阶段，包括问卷的初步设计、测试、修改、定稿以及最终的印刷制作，确保问卷能够准确反映调查目的和内容。

（4）调查组织实施阶段，该阶段负责具体的调查工作，包括调查人员的培训、调查材料的准备和实地调查的执行等。

（5）调查数据整理阶段，该阶段涉及调查数据的收集、录入、汇总和制表，确保数据的准确性和完整性。

（6）统计分析研究阶段，通过对调查数据进行深入分析和研究，揭示市场现象的本质和规律，为决策提供科学依据。

7. 调查报告撰写与修订

根据统计分析结果，撰写调查报告，并进行修订和定稿，最终形成一份全面、准确、有说服力的市场调查报告。

通过以上阶段的严谨规划和实施，可以确保市场调查的顺利进行，为企业的市场策略制定和决策提供有力支持。

8. 编写市场调查方案书

市场调查方案书的构成部分主要有标题、前言（或概述）、主体内容和附录等。其中，主体部分涵盖了上述所有方面的详细内容。附录部分则主要包括了调研项目的负责人及主要参与者名单、抽样方案及其技术说明、调查问卷等相关材料。

9. 撰写调查报告

（1）市场调查报告的撰写结构。市场调查报告的撰写遵循一定的结构，主要包括标题、目录、概要、正文、结论与建议、附件等几大部分。①标题：应明确反映调查的核心内容与目的，包含调查的主题、时间、方法等信息。例如，《关于江西经济管理干部学院眼镜市场情况的调查报告》。有时，为更具体地表述，可采用主副标题形式，主标题突出调查主题，副标题细化调查单位及具体问题。②目录：当报告内容较多时，为便于读者查阅，应提供目录或索引，列出报告的主要章节和附录，注明标题、页码等。目录应简洁明了，篇幅不宜过长。③概要：简要概述调查的基本情况，包括调查目的、对象、内容、方法以及主要结论与建议。此部分应条理清晰，为读者提供报告的总体印象。④正文：是报告的核心部分，详细阐述调查的全过程、分析方法和研究结果。应确保论据充分、逻辑严密，并提供决策者所需的全部调查结果和市场信息。同时，对调查结果进行深入分析和评论。⑤结论与建议：总结了引言和正文的主要内容，提出有效的措施和解决方案。此部分应与正文紧密对应，避免无根据的结论或缺乏结论性的论证。⑥附件：是对正文报告的补充或详细说明，包括正文未提及但与调查相关的重要信息。附件的添加应确保内容的完整性和连贯性。

（2）确定内容与撰写步骤。市场调查报告的构成：明确调查的目的及其所针对的问题，阐述市场背景及相关资料，详述分析的方法论，展示调研所得的数据信息，表述研究观点与个人见解，论证观点的合理性与可靠性，提供解决问题的备选建议、方案及实施步骤。

四、市场调查报告撰写的步骤

1. 构思

团队经过系统收集相关资料，包括实地调研所获取的实际数据以及多方面的背景信息，初步形成了对客观事物的整体认知。在此基础上，确立了明确的主题思想。通过对收集到的大量资料进行深入的分析研究，逐步消化并吸收了其中的核心要义，形成了系统的概念体系。进一步运用判断与推理的方法，将原本的感性认识提升到了理性认识的层面。最后，整理出清晰的论点与论据，并据此得出科学的结论。

2. 选取数据资料

撰写市场调查报告时，必须严格依据数据资料进行分析。所有情况介绍都应以数据为依据，问题反映应通过数据进行定量分析，提出建议和措施同样需要用数据来支撑其可行性和效益性。在选定数据资料后，团队需合理运用，这实际上是运用资料来阐明观点、揭示主题的过程。在写作过程中，我们应力求通过数据资料来清晰地表达观点，并通过观点来深入论证主题。同时，要注意详略得当，分清主次，确保观点与数据资料之间的协调统一，从而更好地突出报告的主题。

3. 撰写初稿

团队应遵循撰写提纲的要求，指定单独一人或数人分工负责撰写工作。在撰写过程中，各部分应遵循统一的协作格式，文字数量应合理分配，同时图表和数据的展示也要协调。为确保内容的统一性和准确性，团队应对各部分内容进行整体控制。

4. 定稿

经过团队的共同努力，已完成初稿的撰写工作。为确保报告的准确性和客观性，积极征求各方的意见和建议，对初稿进行认真的修改和完善。在定稿阶段，应继续秉持客观、理性的态度，坚守真理，以确保报告能够全面、准确地反映市场活动的客观规律。要继续努力，为报告的完善和提升贡献自己的力量。

5. 撰写报告应注意的问题

（1）切忌将分析工作简单化。调查报告存在资料堆砌、缺乏深入分析的问题，仅仅停留在表面层次的描述，未能对资料进行深入探讨和挖掘。报告的分析方式过于简单，缺乏细致的观点和深入剖析，未能形成有说服力的结论和建议。整体而言，该报告系统性较差，其分析价值有限。

（2）切忌面面俱到、事无巨细地进行分析。对收集来的各种资料进行详尽无遗的分析是必要的，然而，若处理不当，可能使读者感到信息繁杂，缺乏条理，从而难以理解。一篇优秀的调查报告，应当在全面把握情况的基础上，通过周密的构思，明确主题，把握重点，既要全面深入，又要有所取舍，确保分析的条理性和深度。

（3）报告长短根据内容确定。调查报告的篇幅应基于调查目的和内容来确定，既要保证内容的全面性和深度，又要避免冗长和烦琐。在编写过程中，应遵循“宜长则长，宜短则短”的原则，力求在保证信息完整的同时，实现内容的精炼和简洁，做到长中求短，短小精悍。

（4）明确项目定位与目标。①确立项目所需解决的核心问题或满足的关键需求。②清晰界定项目的长期及短期目标，并据此制定项目发展的里程碑和重要绩效评价指标。

五、组建团队与分工

针对团队建设与管理，首先应精心挑选技术、市场、运营等核心岗位的团队成员，确保各岗位人员具备相应的专业能力和经验。其次为每位团队成员清晰分配明确的职责和任务，确保工作的高效执行和团队目标的顺利实现。最后建立健全沟通机制和协作流程，确保团队内部信息的顺畅流通和协作的顺利进行。

六、制订创业计划书

项目背景概述、市场分析深入、竞争策略明确、营销策略创新以及财务预测合理，是创业计划书的重要组成部分。这些元素共同构成了项目实施的坚实基础，并为团队成员和投资者提供了明确的行动指南。创业计划书作为项目实施的蓝图，其编写需严谨而全面，确保内容紧扣核心主题。为避免偏离主题，需在制订计划书前进行周密的策划与组织。一般而言，需完成以下关键工作：对项目背景进行全面分析，深入研究市场需求与竞争态势，制定针对性的竞争策略与营销策略，并做出合理的财务预测。这些工作将为创业计划书的编写提供有力支持，确保计划的可行性与实施效果。

1. 参与人员明确化

在创业计划书编写的筹备阶段，创业者应详细列出参与编写的人员名单，并择定合适的时机，为每位参与者分配明确的职责。此步骤为创业计划书编写的序幕。

2. 设定企业目标

创业企业的目标不仅是其商业愿景，更是指导未来商业活动的指南针。企业目标的设定必须兼顾利润与社会责任，确保方向明确。

3. 识别关键挑战

新兴企业常面临如核心技术缺陷、人力资源优化、资金短缺等核心问题。创业团队需深入挖掘这些问题，并提出针对性的解决策略。

4. 构建计划书框架

创业计划书的编写始于其总体框架的设定。此框架如同计划书的“骨架”与“脊梁”，必须确保其内容完整、结构清晰、层次分明。

5. 规划编写日程

明确的编写日程为参与者提供了清晰的时间参考，确保每位参与者能按时完成任务。

6. 审核计划书的策略

完成创业计划书后，需组织专业团队进行详细审核，特别是对数据部分进行核实，确保内容的真实性。

七、筹集资金

（1）根据项目需求和预算，确定所需的资金规模。

（2）寻求投资者或合作伙伴，如天使投资人、风险投资基金等。

（3）准备路演材料，向潜在投资者展示项目的价值和潜力。

八、建立合作关系与供应链

（1）与供应商、合作伙伴建立合作关系，确保项目的顺利推进。

（2）建立有效的供应链管理，确保原材料、设备等资源的稳定供应。

九、技术研发与产品迭代

（1）根据市场需求和技术趋势，进行技术研发和产品迭代。

（2）不断优化产品功能和用户体验，提高市场竞争力。

十、风险评估与应对

（1）识别项目实施过程中可能遇到的风险和挑战。

（2）制定相应的应对策略和预案，确保项目的稳健发展。

总之，创新创业类项目的前期准备是一个系统性、综合性的过程，需要充分考虑市场需求、团队能力、资金状况等多方面因素。通过有效的前期准备，为项目的成功实施奠定坚实的基础。

十一、商业模式构建

（一）商业模式的概念

商业模式，又称业务或商务模式，其概念可追溯至20世纪中叶，但当时并未引起广泛关注。直至20世纪90年代，随着互联网技术的迅猛发展和普及，尤其是众多以高科技和互联网为支撑的新兴企业（如微软、雅虎、搜狐）的崛起，商业模式的讨论逐渐盛行，其概念也受到了广泛认可。

在学术界，商业模式被定义为一种整合企业内外各要素，形成高效、独特且具备核心竞争力的运行系统，旨在实现客户价值的最大化。此系统通过最优方式满足客户需求，实现其价值，并确保系统持续盈利。简而言之，商业模式就是描述企业如何运作以实现其生存与发展的框架或“故事”。它涵盖了企业的经营范围、运作方式以及盈利途径，是商业规律在实际经营中的具体体现。

在过去，产品创新、过程创新和组织创新等主要针对企业特定部分的创新是主流。然而，在当今网络化、信息化、全球化和知识化经济的背景下，单纯依赖某一方面的创新已不足以支撑企业的生存与发展。因此，商业模式的创新成为适应经济环境、获取竞争优势的主要手段，特别是对于新创企业而言。商业模式创新意味着企业为顾客创造价值的基本商业逻辑或盈利方式的转变（图8-2）。

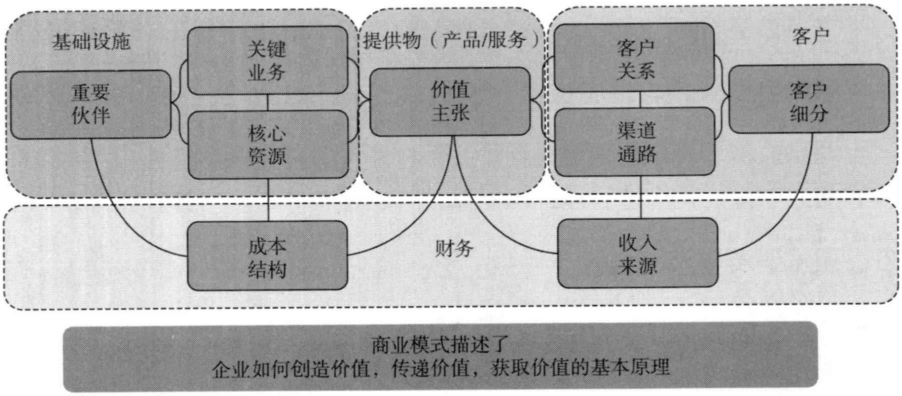

图8-2　商业模式概念

可以将商业模式分为九个关键要素，见表 8-1。

表 8-1　商业模式的关键要素

关键要素	关键要素主要回答以下问题
顾客细分：用来描述想要接触和服务的不同人群或组织	我们正在为谁创造价值？ 谁是我们最重要的顾客？
价值主张：用来描绘为特定顾客细分创造价值的系列产品和服务	我们该向顾客传递什么样的价值？ 我们正在帮助我们的顾客解决哪一类难题？ 我们正在满足哪些顾客需求？ 我们正在提供给顾客细分群体哪些系列的产品和服务？
渠道通道：用来描绘如何沟通、接触顾客细分而传递价值主张	通过哪些渠道可以接触我们的顾客细分群体？我们如何接触他们？ 我们的渠道如何整合？ 哪些渠道最有效？ 哪些渠道成本效益最好？ 如何把我们的渠道与顾客的例行程序进行整合？
收入来源：用来描绘从每个顾客群体中获取的现金收入（需要从创恢中扣除成本）	什么样的价值能让顾客愿意付费？ 他们现在付费买什么？ 他们是如何支付费用的？ 他们更愿意如何支付费用？ 每个收入来源占总收入的比例是多少？
顾客关系：用来描绘与特定顾客细分群体建立的关系类型	我们每个顾客细分群体希望与我们建立和保持何种关系？ 哪些关系我们已经建立了？ 这些关系成本如何？ 如何把它们与商业模式的其余部分进行整合？
核心资源：用来描绘让商业模式有效运转所必需的最重要的因素	我们的价值主张需要什么样的核心资源？ 我们的渠道通路需要什么样的核心资源？ 我们的顾客关系需要什么样的核心资源？ 我们的收入来源需要什么样的核心资源？
关键业务：用来描绘为了确保其商业模式可行，必须做的最重要的事情	我们的价值主张需要哪些关键业务？ 我们的渠道通道需要哪些关键业务？ 我们的顾客关系需要哪些关键业务？ 我们的收入来源需要哪些关键业务？

续表

关键要素	关键要素主要回答以下问题
重要合作：让商业模式有效运作所需的供应商与合作伙伴的网络	谁是我们的重要伙伴？ 谁是我们的重要供应商？ 我们正在从伙伴那里获取哪些核心资源？ 合作伙伴都执行哪些关键业务？
成本结构：商业模式运转所引发的所有成本	什么是我们商业模式中最重要的固有成本？ 哪些核心资源花费最多？ 哪些关键业务花费最多？

（二）商业模式构建流程

1. 深入剖析消费者需求

首先，明确目标消费群体，并针对其进行详尽的分析。通过分析销售数据，可以确定某一特定产品的主要消费群体。接着，对这些群体进行深入剖析，了解他们的消费习惯、行为特征以及购买偏好。在这一过程中，换位体验至关重要，它能帮助我们更精准地把握消费者的期望与需求。同时，也要关注用户体验，提升消费者的参与感。在充分理解消费者后，需要找出并解决他们在消费过程中遇到的问题，将这些问题转化为产品的独特卖点，从而提升产品的市场吸引力。

2. 全面评估市场容量与价值空间

在了解消费者需求后，需要对目标市场进行全面的评估。这包括描绘目标行业的整体商业生态，分析焦点企业（即计划进入市场的企业）的现有或设想中的商业模式。另外，还需要研究竞争对手和行业内标杆企业的商业模式，理解他们的成功之处和潜在弱点。这一过程可以通过商业模式九要素来完成，这九要素可以系统地描述和分析各种商业模式的特点与优势。通过这样的分析，可以更准确地预测市场的容量和价值空间，为企业的战略决策提供有力支持（图 8-3）。

例如，滴滴的创业故事，充满了激情、决心、智慧与坚韧。

在创业的起点，程维面临着巨大的挑战。他不仅是一个普通的软件工程师，还是一个有远见的创业者。他深深地感受到了人们在出行方面的不便，尤其是在繁华的城市中，叫车难、打车难成为许多人的日常困扰。这种痛点，如同一块尖锐的石头，刺痛了他的心。然而，程维并没有因此沮丧，反而看到了商机。他决定利用自己的技术和商业背景，来解决这个问题。于是，他毅然辞去了高薪工作，筹集了资金，开始了他的创业之旅。创业初期，程维面临着巨大的压力。他知道，一个成功的创业项目，除了有一个伟大的想法，更需要一个能打硬仗的团队。于是，他开始四处寻找合适的人才。他坚信，一个优秀的团队，是推动项目成功的关键。经过一

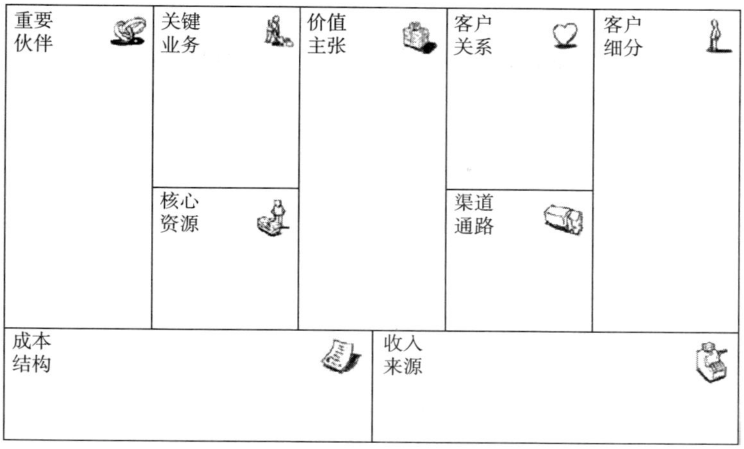

图 8-3　商业模式画布

段时间的寻找，程维成功挖来了百度的张博。张博是一位技术大牛，他的加入，让滴滴在技术上得到了质的飞跃。他的专业能力和创新精神，为滴滴的发展奠定了坚实的基础。而在管理团队方面，程维也做出了明智的决策。他成功说服了高盛的投资银行家柳青加入滴滴，担任公司的首席运营官。柳青的到来，不仅为滴滴带来了丰富的管理经验和战略眼光，还帮助滴滴在资本市场上取得了巨大的成功。在滴滴和快的合并的问题上，程维展现了他的智慧和远见。他深知，合并是滴滴在市场竞争中取得优势的关键。于是，他主动接触了阿里和快的，表达了合并的意愿。虽然双方在合并比例和管理分工等问题上存在一些分歧，但在程维的坚持和智慧下，最终成功达成了合并协议。

这就是滴滴的创业故事，一部充满激情、决心、智慧与坚韧的史诗。程维和他的团队，通过不懈的努力和创新，成功地解决了大众出行痛点，打造了一个卓越的出行平台。他们的故事，不仅仅是一部创业史，更是一部关于梦想、坚持和成功的传奇。

（三）互联网时代的商业模式

互联网时代的商业模式是指企业利用互联网技术和平台进行商业活动的方式和规划。这些模式打破了传统商业的地域和时间限制，实现了全球范围内的商业交易和信息传播。

常见的互联网商业模式包括：

1. 广告模式

企业通过在自己的网站或应用中播放广告获得收入。这是最常见的模式之一，广泛应用于新闻网站、社交媒体、搜索引擎等各类互联网平台。

2. 电商模式

企业通过互联网销售自己的产品或服务实现盈利。这包括 B2B（商业对商业）、B2C（商业对消费者）和 C2C（消费者对消费者）等不同类型的电商模式。

3. 订阅模式

企业通过提供订阅服务向用户提供更高质量的内容或服务，用户需要支付一定的费用才能享受这些服务。这种模式在媒体、软件、教育等领域非常常见。

4. 付费模式

企业通过向用户收取一定的费用提供高端定制化的服务。这种模式通常用于提供高级功能、个性化服务或专属内容。

5. 分销模式

企业通过与其他企业合作，将自己的产品或服务分销到其他平台或网站上，从中获得收益。这种模式有助于扩大企业的销售渠道和市场份额。

6. 开放平台模式

企业通过开放自己的平台和技术，吸引其他企业或个人在其平台上进行商业活动。这种模式可以吸引更多的开发者和合作伙伴，共同创造更大的商业价值。

7. 共享经济模式

企业通过共享经济平台让用户分享自己的资源和服务，从中获得收益。这种模式在交通、住宿、技能分享等领域得到了广泛应用。

除了以上几种常见的模式外，还有许多其他的互联网商业模式，如众包模式、O2O 模式（线上到线下）、C2M 模式（消费者到制造商）等。这些模式不断创新和发展，推动着互联网商业的繁荣和发展。

微信的创业故事是一部充满激情、创新与挑战的史诗。它始于 2010 年，当时张小龙，这位富有远见和洞察力的腾讯员工，敏锐地捕捉到了移动社交市场的巨大潜力和无限可能性。他被一款名为 Kik 的即时通信产品所吸引，该产品凭借其简洁的界面和强大的功能，在短时间内吸引了大量用户。这激发了张小龙开发一款类似产品的强烈愿望。张小龙的决心和热情感染了腾讯高层，他们看到了移动社交市场的巨大潜力和机会。于是，腾讯决定全力支持张小龙的想法，并投入大量资源和人力，组建了一个充满激情和创造力的团队，开始了微信的研发之路。在研发过程中，张小龙和他的团队面临着前所未有的挑战。他们需要重新设计用户界面，使其既符合移动设备的特性，又能提供丰富的交互体验。同时，他们还需要开发一系列创新的功能，如语音消息、视频通话、朋友圈等，以满足用户日益增长的需求。此外，他们还需要不断优化算法，提高系统的稳定性和性能，确保用户能够流畅地使用微信。面对这些挑战，张小龙和他的团队展现出了顽强的毅力和卓越的创新能力。他们不畏艰难，迎难而上，不断优化和完善产品。他们的努力得到了回报，微信在2011年1月21日正式上线后，迅速获得了用户的喜爱和认可。为了扩大用户规模，微信采取了一系列创新的推广策略。他们与电信运营商合作，推出了“微信电话本”等应用，通过免费提供通话时长等方式吸引用户。同时，他们还利用社交裂变的力量，让用户在朋友圈中分享微信的使用体验，从而吸引更多用户加入。经过数年的发展和迭代，微信已经从一个简单的即时通讯工具，成长为一个功能丰富、用户基数庞大的社交平台。它不仅改变了人们的沟通方式，还成为人们生活中不可或缺的一部分。无论是在工作、学习还是娱乐方面，微信都发挥着重要的作用。微信的成功，离不开张小龙和他的团队的辛勤付出和创新精神。他们凭借敏锐的洞察力、坚定的信念和不懈的努力，成功把握了移动社交市场的机遇。同时，微信的成功也离不开腾讯公司对移动社交市场的敏锐洞察和大力支持。腾讯公司在微信的研发和推广过程中，提供了强大的技术支持和资源保障，为微信的成功奠定了坚实的基础。

微信的创业故事是一部充满激情、创新与挑战的史诗。它展示了张小龙和他的团队不畏艰难、迎难而上的精神风貌，也展现了腾讯公司对移动社交市场的敏锐洞察和大力支持。微信的成功不仅为用户带来了便捷和乐趣，也为整个社交行业树立了新的标杆和典范。

十二、市场营销设计

市场营销，即在动态多变的市场环境中，以满足消费者需求为核心，以实现企业既定目标为导向的一系列商务活动。这些活动包括但不限于市场调研、目标市场选择、产品开发、产品促销等，均与市场息息相关。市场营销不仅是一个过程，更是一个组织在市场中所进行的一系列具有生产性和盈利性的活动。它更是一门创造并满足顾客需求的艺术，需要在适当的时间、地点，以适当的价格，通过有效的信息沟通和促销手段，向目标消费者提供符合市场需求的产品和服务。

企业开展市场营销活动的基础在于深入的市场调查与研究。市场调研，作为企业市场营销决策的重要依据，旨在系统、客观地收集和分析与营销活动相关的各种信息。通过市场调研，企业可以及时了解市场环境、顾客需求、竞争对手以及自身产品和服务在市场上的表现，为企业的决策提供坚实的信息支撑。

市场调研的内容广泛，包括市场营销环境研究、产业市场研究、产品研究、价格研究、分销渠道研究、促销与广告研究、消费者研究以及竞争对手研究等。为确保调研结果的准确性和有效性，企业可采用多种方法进行市场调研，如文献查阅法、询问法、观察法、实验法以及德尔菲法等。这些方法各有特点，企业可根据具体调研需求和实际情况灵活选择。

文献查阅法主要通过查阅各种文献和档案材料来收集相关信息；询问法通过向

被调查者提问以获取所需信息；观察法是在实地调查中直接观察被调查者的活动以收集信息；实验法是通过实验对比来收集信息；德尔菲法又称专家意见法或专家函询调查法，它通过向专家群体发函询问特定问题，经过多轮意见反馈来收集相关信息。

（一）市场定位的STP理论

STP理论，即市场细分（Segmentation）、目标市场选择（Targeting）和市场定位（Positioning），是企业制定市场营销策略的核心框架。在STP理论下，企业首先需要对市场进行细分，识别出具有相似需求和特征的消费者群体，即细分市场。细分市场的形成基于多种因素，包括地理、人口统计、心理和行为等方面的差异。

接下来，企业需根据自身资源、能力和市场状况，选择适合的目标市场。目标市场的选择受到企业兴趣、优劣势以及市场竞争状况等因素的影响。在选择目标市场后，企业需要深入了解目标消费者的需求特点，为后续的市场定位提供基础。

市场定位是企业根据目标市场上的竞争态势和消费者需求，为本企业产品塑造独特、鲜明的形象，并通过有效的传播手段传递给消费者，以在消费者心中占据有利位置。市场定位涉及消费者、企业、产品和竞争等多个方面，旨在使企业产品在市场中具有差异化和竞争力。

在运用STP理论时，企业需要注意以下三点。首先，市场细分要科学、合理，确保形成的细分市场具有可操作性和盈利性。其次，目标市场选择要准确，确保企业资源能够有效集中并满足目标消费者的需求。最后，市场定位要独特、鲜明，确保企业产品在市场中具有足够的吸引力和竞争力。

此外，企业还可以通过聘请名人代言、强调产品特殊用途、突出产品利益等方式来强化市场定位效果。然而，仅仅提出面向某个消费者群体并不足以实现有效的市场定位，企业需要深入了解目标消费者的需求特点，并抓住关键因素进行设计和服务，以形成强大的市场竞争力。

在汽车工业的早期阶段，劳斯莱斯汽车的主要角色是向富人提供豪华消费品的供应商，几乎所有的汽车制造商都聚焦在“上层社会”这一特定市场。然而，到了20世纪初，随着汽车工业以每3年翻一番的惊人速度迅猛发展，一些具有远见的企业家预见到汽车未来的“平民化”趋势。面对“贵族化”带来的高额利润与“平民化”可能带来的庞大销售市场，汽车制造商们面临着重要的抉择。在这样的背景下，劳斯莱斯汽车公司的创始人在其商业计划书中明确表示，他们的目标是生产具有“皇家气质”的汽车。为了实现这一目标，他们不仅采用了早期过时的制造方法，确保每一辆车都由熟练的机械工人进行精密机械加工，并用手工工具进行细致的装配，而且承诺他们的汽车将经久耐用，永不磨损。同时，为了保持其品牌的独特性和尊贵性，劳斯莱斯严格限制了客户的购买资格，将汽车价格定得极高，相当于当时一个富裕商人年收入的 40 倍。1906 年，劳斯莱斯在英国正式成立，次年推出的 Silver Spirit（银灵）轿车迅速赢得了市场的认可，被誉为“世界上最好的汽车”。劳斯莱斯通过其精准的品牌定位，成功地在汽车行业的平民化浪潮中保持了独有的地位。至今，劳斯莱斯仍是汽车界雍容华贵、高贵典雅的象征。

（二）消费者需求分析

深入了解消费者需求的关键方法，对于探寻消费者需求这一过程，并无捷径可走。只有通过持续的市场调研、细致入微的观察、科学严谨的数据分析、全面深入的思考以及反复的实践验证，才能准确把握消费者的真实需求，为企业的战略规划和产品开发提供有力的支撑。

1. 问卷调查法

问卷调查法，系一种通过书面提问形式搜集消费者信息的研究方法。问卷内容之问题，大致可归为四类：其一，背景性问题，涵盖被调查者个人之基本情况；其二，客观性问题，指涉已发生及正在发生之事实与行为；其三，主观性问题，即涉及被调查者之思想、感情、态度、愿望等主观世界状况；其四，检验性问题，专为检验回答之真实性与准确性而设。问卷调查之流程，通常包括设计问卷、选择调查对象、分发问卷、回收与审查问卷，以及对问卷结果进行统计分析与理论研究等环节。问卷调查法之优势在于调查范围广、便于定量研究，且节省人力、时间和经费。然而，其缺点也不容忽视，如仅能获得书面社会信息，难以进行深入的定性调查，且存在真实性、回复率和有效率低等问题。以下为一份《大学生创业意愿调查问卷》。

问题一：您目前所在的年级是？

- [ ] 大一
- [ ] 大二
- [ ] 大三
- [ ] 大四
- [ ] 研究生

问题二：您是否有创业的想法或计划？

- [ ] 是
- [ ] 否

问题三：您认为大学生创业的主要障碍是什么？（多选）

- [ ] 资金不足
- [ ] 缺乏经验
- [ ] 缺乏合适的项目或点子
- [ ] 担心失败

- [ ] 家人或朋友不支持
- [ ] 其他：[请在此区域内作答]

问题四：您是否认为大学应该提供更多的创业教育和支持？
- [ ] 非常应该
- [ ] 应该
- [ ] 一般
- [ ] 不应该
- [ ] 非常不应该

问题五：您认为创业对您个人的未来发展有何影响？
- [ ] 非常积极
- [ ] 积极
- [ ] 中立
- [ ] 消极
- [ ] 非常消极

问题六：您是否愿意在大学期间参与创业实践活动或相关社团？
- [ ] 非常愿意
- [ ] 愿意
- [ ] 不确定
- [ ] 不愿意
- [ ] 非常不愿意

问题七：如果您有创业计划，您更倾向于选择哪种类型的创业项目？
- [ ] 科技/互联网
- [ ] 文化/艺术
- [ ] 教育/培训
- [ ] 餐饮/服务
- [ ] 其他：[请在此区域内作答]

问题八：对于创业，您最希望得到哪些方面的帮助或支持？（多选）
- [ ] 资金支持
- [ ] 技术指导
- [ ] 市场推广
- [ ] 团队组建
- [ ] 法律咨询
- [ ] 其他：[请在此区域内作答]

问题九：您是否认为创业是一个高风险的投资行为？

-[ ] 是
-[ ] 否
问题十：对于创业，您有什么建议或看法？
[请在此区域内作答]
问题十一：您是否愿意分享您的联系方式以便我们后续联系？（此信息不强制填写）
电话号码：[请在此区域内作答]

2. 行为观察法

行为观察法，乃是一种根据特定调查目的、提纲或观察表，借助个人感官与辅助工具，直接对被调查对象进行观察，进而获取消费者需求信息的方法。在实施观察法调查时，务必力求全面、多角度、多层次地进行观察与资料搜集。观察者应密切注意各类细节，详尽记录观察情况，并努力保持客观公正的态度，避免带入个人看法或偏见。同时，应选择具有代表性的调查对象，确定最为合适的调查时间与地点，力求避免仅停留在表面现象的观察。此外，应保持观察环境的日常自然状态，尊重并保护被调查者的隐私权。行为观察法的优势在于其所得资料较为真实、生动，并能搜集到一些难以用语言表达的材料。然而，该方法也存在一定的局限性，如观察者只能观察事物的外表现象和某些物质结构，难以深入洞察事物的本质和人们的思想意识；同时，该方法并不适用于大规模的调查。

安利公司的直销模式是一种高效且独特的销售策略，它赋予了销售代表以巨大的灵活性和自主权，同时也为顾客带来了无与伦比的购物体验。在安利直销模式中，销售代表起着至关重要的作用。他们不仅是销售者，更是品牌的传播者和顾客的服务者。这些销售代表通过自身的人脉、专业知识和热情，为顾客提供了详细的产品介绍、个性化的购物建议以及贴心的售后服务。他们的努力与付出，为安利赢得了广大顾客的信任与喜爱。安利直销模式的优势在于其能够有效降低运营成本。相较于传统的实体店铺，安利无须承担高昂的租金、员工工资以及广告费用。这使得安利能够将更多的资源投入产品研发、品质提升以及顾客服务中，为顾客带来更高性价比的产品和服务。此外，安利直销模式的产品线广泛，涵盖了个人护理、家居用品、营养保健品等多个领域。这种一站式的购物体验为顾客提供了极大的便利，使他们能够在同一平台上满足多样化的需求。然而，安利直销模式也面临着一些挑战和争议。首先，销售代表的能力和素质直接影响到安利的形象和业绩。因此，安利需要加强对销售代表的培训和管理，确保他们具备专业的知识和技能，以提供优质的服务。其次，直销行业在某些地区可能受到严格的法律和监管限制。安利需要严格遵守相关法规，避免涉及任何违法活动。同时，安利还需要加强对销售代表的监督和管理，确保他们的行为符合法律和道德标准。总的来说，安利公司的直销模式在创新、灵活和顾客服务方面具有显著的优势。通过广泛的产品线、低成本的运营以及对销售代表的专业培训和管理，安利成功地在竞争激烈的市场中脱颖而出。然而，为了保持可持续的发展和竞争优势，安利仍需要不断改进其直销模式，确保其能够适应不断变化的市场环境和顾客需求。

（三）如何做好市场营销规划

市场营销规划主要涵盖一系列企业可控制并施加影响的营销要素，这些要素构成了企业对可控因素的精心策划与组织。在本章中，我们将重点关注产品规划、价格规划、渠道规划以及促销组合规划等核心组成部分。

（四）怎样做好产品规划

在进行市场营销规划时，必须首先明确要向市场提供何种产品。产品规划作为企业市场营销规划的重心，对于整个营销战略的制定与实施具有至关重要的意义。

1. 理解产品的整体概念

现代市场营销理念认为，产品是一个多层次的整体概念，它涵盖了核心产品、有形产品、附加产品以及心理产品四个层次。其中，核心产品，也是实质产品，是整体概念中最基础、最核心的部分，主要体现了产品的使用价值，涵盖了功能、效用、品质等要素。它直接满足了消费者的核心需求，反映了消费者在购买某种产品时所追求的根本利益。

有形产品，或称形式产品，是核心产品的外在表现形式，即通过具体的实体和服务来展示其核心价值。这通常表现为产品的质量、外观、设计、品牌名称和包装等多个方面。它为消费者提供了直观的产品感受，是吸引消费者的重要手段。

附加产品，是消费者在购买有形产品时所获得的所有附加服务和利益，如信贷支持、免费送货、保修服务、安装指导以及售后服务等。这些附加服务源于对市场需求的深入理解，旨在满足消费者在购买和使用产品过程中的各种需求。

心理产品，是指产品的品牌和形象为消费者带来的心理满足感。在现代社会，随着生活水平的提高，消费者对产品的品牌和形象越来越重视，这使得心理产品在整体概念中的地位日益凸显。

总的来说，这四个层次相互关联、相互影响，共同构成了产品的整体概念。企业在设计和推广产品时，需要全面考虑这四个层次，以满足消费者的全方位需求。

2. 做好产品组合

产品组合，指的是企业在特定时期内，针对各种产品线及项目所制定的组合策略。产品线，指的是一组功能相似、用户群体相同、分销渠道一致、消费上具有关联性的产品项目集合。而产品项目，则是指某一产品大类中，具有不同品种、规格、质量的特定产品。在企业产品目录中，每一个具体的品种都被视为一个独立的产品项目。

在构建产品组合时，企业需综合考虑以下四个核心要素：

（1）广度：即企业所拥有的产品线数量。产品线数量越多，产品组合的广度就越大。例如，宝洁公司生产并销售清洁剂、牙膏、肥皂、纸尿裤和纸巾等多种产品，拥有五条产品线，因此其产品组合的广度为五。

（2）长度：指企业所拥有的产品品种的平均数，这一数值是将全部产品品种数除以产品线数来计算的。

（3）深度：指每个产品项目中所包含的品种、型号、规格的数量。例如，宝洁公司的佳洁士牙膏就有三种规格和两种配方，体现了其产品组合的深度。

（4）关联性：反映了各产品线在最终使用、生产条件、分销等方面的相互关联程度。

在制定产品组合策略时，企业首先需要深入了解目标消费者群体的需求和特点，力求使产品组合能够更好地满足消费者的多样化和个性化需求。同时，企业还应注重产品组合在人员、技术、生产、销售等方面的协同效应，以实现成本降低、效率提升、销售增长和利润增加等目标。

化妆品的搭配是一个涉及多个因素的复杂过程，需要考虑肤质、季节、使用目的和个人偏好等因素。以植物医生为例，这个品牌以提供天然、植物提取的化妆品而著称，因此在搭配其产品时，可以从以下几个方面进行考虑：①肤质类型：了解自己的肤质是非常重要的。植物医生的产品线涵盖多种肤质类型，包括干性、油性、混合性和敏感性肌肤。因此，在选择产品时，要根据自己的肤质来挑选适合的产品。②季节变化：季节的变化也会影响皮肤的需求。例如，在夏季，皮肤可能更需要控油和防晒的产品，而在冬季则可能需要更滋润的保湿产品。植物医生的不同产品线可以根据季节的变化进行搭配使用。③使用目的：不同的产品有不同的功效，如洁面、爽肤水、乳液、精华、面膜等，它们各自有不同的作用。根据自己的需求，如保湿、美白、抗衰老等，可以选择相应的产品搭配使用。④产品成分：植物医生的产品以植物提取物为主要成分，这些植物提取物具有不同的功效。在选择产品时，可以根据自己的肤质和需求，选择含有适合成分的产品。⑤个人偏好：个人的使用习惯和偏好也是非常重要的。有些人可能更喜欢清爽的质地，而有些人则可能更喜欢滋润的感觉。因此，在选择产品时，也要考虑自己的个人喜好。

综上所述，植物医生的化妆品搭配需要根据个人的肤质、季节、使用目的、产品成分和个人偏好等因素进行综合考虑。通过合理的搭配，可以让化妆品发挥最大的功效，同时满足个人的需求和喜好。

3. 做好包装设计

商品包装不仅是提升产品价值的重要手段，更在流通过程中承担着保护商品、便利运输存储、美化商品形象、吸引消费者注意力等多重角色。然而，包装成本同样不容忽视，不当的包装可能引发消费者反感，进而影响销售效果。因此，在产品规划阶段，必须审慎考虑包装的必要性与实施方式。

包装类型繁多，依据不同标准可分为多种类别。按材料分，有纸制、塑料、金属、竹木器、玻璃容器及复合材料等包装；按使用次数分，有一次性、多次性及周转包装；按容器软硬程度分，有硬、半硬及软包装；按功能分，有运输、储藏及销售包装；按技术方法分，有防震、防湿、防锈及防霉包装；按结构形式分，有贴体、泡罩、热收缩、可携带、托盘及组合包装等。

商品包装应包含商标或品牌、形状、颜色、图案、材料及文字说明等要素。商标或品牌应体现在显著位置，形状设计应便于储运和陈列，颜色应突出商品特性并增强品牌识别度，图案应具有广告效果，材料选择应平衡成本与市场竞争力，文字说明应清晰准确。

设计包装外形时，应遵循以下原则：反映企业和产品市场定位，创造品牌个性；结合产品特点，运用美学原则；采用新工艺、新材料进行现代设计；追求轻薄短小，避免过度、夸大及无用包装；注重环保，使用可回收、无公害、无污染材料。

包装策略方面，可选择等级包装、配套包装、类似包装、附赠品包装及复用包装等策略。等级包装根据产品质量等级采用不同包装；配套包装将相关联产品组合在同一包装中；类似包装采用相近图案、色彩和特征；附赠品包装在包装内附赠物品以吸引消费者；复用包装则从回收再利用或消费者角度实现包装的多重用途，降低成本并减少环境污染。

包装策略在洗衣液市场中扮演着至关重要的角色。下面是一个洗衣液包装策略的例子，以展示如何通过创新的包装设计来吸引消费者并提升品牌形象。

产品名称：“清新之源”洗衣液。

目标市场：年轻家庭，注重环保、健康和时尚。

包装策略：

（1）环保材料：选择可回收的环保材料作为包装，以符合现代消费者对环保的关注。使用生物降解材料或可循环使用的玻璃瓶，减少塑料污染，并在包装上明确标注其环保特性，增加产品的吸引力。

（2）创意设计：包装设计采用简洁、现代的风格，以吸引年轻家庭的注意。可以使用鲜明的色彩和有趣的图案，使包装在货架上脱颖而出。例如，采用渐变色设计，从清新的蓝色渐变到充满活力的绿色，象征着清洁和新鲜。

（3）功能性设计：考虑到用户的使用体验，包装设计应具有实用性。例如，采用易于握持的形状，方便消费者拿取和使用。同时，确保包装具有良好的密封性能，以防止洗衣液泄漏。

（4）品牌故事：在包装上讲述品牌故事，增加消费者对产品的认同感和归属感。例如，在包装上印制关于产品起源、品牌理念或环保行动的故事，让消费者感受到品牌的独特魅力。

（5）互动元素：添加互动元素，如可收集的贴纸、二维码等，鼓励消费者与品牌进行互动。通过扫描二维码，消费者可以参与抽奖、获取优惠券，或了解更多关于产品的信息，增加用户黏性。

（6）清晰的标识：在包装上清晰地标注产品的主要特点、成分和使用方法，以便消费者快速了解产品。同时，强调产品的环保、健康和安全特性，满足消费者对健康生活的追求。通过以上包装策略，“清新之源”洗衣液能够吸引年轻家庭的关注，提升品牌形象，并在竞争激烈的市场中脱颖而出。同时，这种策略也符合现代消费者的价值观和生活方式，有助于建立长期的品牌忠诚度。

4. 提供顾客满意的服务

顾客服务作为与产品相辅相成的附加利益与活动，其核心目的在于确保消费者在购买和使用产品的过程中，能够实现更高的效益与满足感。服务的具体内容依据企业和产品的特性而异，但普遍涵盖以下方面：接待来访者及回应用户咨询；提供专业技术指导与支持；明确的质量保证与承诺；产品的安装与调试工作；产品维修与备品备件的供应保障；信用服务的提供；定期对用户产品进行检查、维修与保养；针对用户特殊需求提供定制化服务。

产品售后的例子有很多，这里提供两个不同行业的案例：

（1）电子产品售后服务——苹果公司的 AppleCare 服务。苹果公司提供的 AppleCare 是一种综合保修和技术支持计划。当消费者购买了 AppleCare 后，他们可以享受到额外的保修期和更快速的技术支持服务。这意味着，如果在使用苹果产品过程中遇到任何问题，消费者都可以得到及时的帮助和解决方案。AppleCare 的优点不仅在于其提供的全球服务网点，更在于其多种联系方式，包括电话、在线聊天和远程支持等。这些联系方式为消费者提供了极大的便利，使他们可以根据自己的需求和时间选择最适合的解决方式。通过购买 AppleCare，消费者可以放心地享受苹果产品带来的便捷和乐趣，而不必担心售后问题。

（2）家具售后服务——宜家的家具组装服务。宜家是全球知名的家具和家居用品零售商，其售后服务也备受人们称赞。宜家提供的家具组装服务极大地方便了消费者。消费者只需要按照宜家的提示，将家具的各个部件准备好，然后等待宜家的家具组装人员上门服务。宜家的家具组装人员都是经过专业培训的，他们可以根据消费者的要求，将家具组装好并摆放在事先指定的位置。在组装过程中，他们还会向消费者介绍家具的使用方法和维护方法，以确保消费者能够正确地使用和维护家具。通过提供这样的售后服务，宜家不仅赢得了消费者的信任，还提高了其品牌形象和市场竞争力。

这两个案例分别展示了电子产品和家具行业在售后服务方面的不同做法和优势。无论是提供综合保修和技术支持，还是提供家具组装和维护服务，这些公司都致力于为消费者提供更好的售后服务体验，以满足他们的需求和期望。

（五）做好渠道规划

营销渠道作为营销体系的核心构成，详细描绘了企业产品流向消费者的具体途径。对于企业的成本降低和竞争力提升，营销渠道具有举足轻重的地位，是战略规划中不可忽视的关键环节。在规划营销渠道时，我们需着重完成以下基本任务：选择恰当的营销渠道策略，审慎挑选合适的中间商，以及高效组织与管理物流环节。

在营销战略中，渠道策略占据重要地位。三级渠道策略，其基本结构为制造商—代理商—批发商—零售商—消费者，构成了一个完整的销售链条。而在宽渠道策略中，企业倾向于与众多中间商合作，以此实现产品在市场上的广泛覆盖。这种策略在日用消费品领域尤为常见，通过多家批发商的分销，产品能够迅速触达更多零售商和消费者，从而实现大批量销售。相比之下，窄渠道策略则更注重与少数专业中间商建立深度合作，通常适用于专业性强或价值较高的产品。这种策略有助于企业更好地控制分销过程，但市场覆盖面相对较窄。

在选择营销渠道策略时，企业需综合考虑多方面因素。首先是产品特性，如价格、体积、易损性、技术性等，这些都会影响到渠道的选择。其次，市场因素同样重要，包括消费者需求、购买习惯以及市场分布等。此外，企业自身的实力和资源，如资金、销售能力、服务能力和生产能力等，也会对渠道选择产生影响。最后，政策因素和经济利益也是不可忽视的考虑点。

在选择分销渠道时，企业需遵循一定原则。首先是畅通高效原则，确保商品能够快速、经济地流通到消费者手中。这要求企业以消费者需求为导向，优化分销流程，降低成本，提高效率。其次是覆盖适度原则，企业需要在追求速度和成本效益的同时，确保商品能够准确覆盖目标市场，实现高市场占有率。稳定可控原则强调企业在选择渠道成员和模式时应保持稳定性，避免频繁更换和过度扩张，以便更好地管理和控制市场。协调平衡原则要求企业在追求自身利益的同时，也要关注渠道成员的利益分配，确保各方之间的合作和竞争关系和谐稳定。最后是发挥优势原则鼓励企业根据自身优势选择合适的分销渠道模式，以增强整体营销效果。

在促销组合规划方面，企业需要根据促销目标选择合适的促销方式，如广告、营业推广、公共关系和人员推销等。这些方式各有特点，可以相互补充，形成有效的促销组合。一个好的促销组合策略应该能够提供信息、引导采购、激发购买欲望、突出产品特点、维持市场份额等。同时，企业还需要根据市场变化及时调整促销策略，以保持其适应性和生命力。

企业在进行营业推广时，需明确其策略与目标。首先，针对消费者的推广策略，可采用广告宣传、促销活动、会议营销、样品体验、特价商品和奖励等形式。其次，针对中间商的策略，可包括批发回扣、推广津贴、销售竞赛、零售商支持、货位津贴、贸易折扣、陈列津贴、回购津贴、广告津贴、合作广告、奖励与竞赛以及中间商聚会等方式。而对于内部员工来说，推广策略则主要集中在激励销售人员积极推销或处理老产品，以及开拓新市场，可采用销售竞赛、免费人员培训和技术指导等形式。在实施这些策略时，企业需明确推广目标，选择适当的推广方式，这取决于目标对象的接受习惯、产品特性和市场状况。同时，选择合适的推广时机也至关重要，如季节性、节日性和礼仪性产品需在相应时期前进行推广。此外，推广期限应恰当，过长可能使消费者失去兴趣，过短则可能使部分消费者错过优惠。企业还需制定合理的推广预算，确保投入产出比的合理性。

另外，公共关系策略是企业为赢得公众信任、加深客户印象而采用的一系列非付费促销活动的总称。这些策略可分为两类。首先，按功能划分的策略包括宣传型、交际型、服务型、社会型和征询型公共关系策略。例如，宣传型策略通过媒体传播信息，形成有利舆论；交际型策略通过人际交往深化与公众的关系；服务型策略通过优质服务赢得公众好评；社会型策略通过社会性、文化性和公益性活动塑造良好形象；征询型策略通过收集信息和意见为决策提供依据。其次，按组织发展阶段划分的策略包括建设型、维系型、防御型、矫正型和进攻型公共关系策略。建设型策略适用于初创阶段，通过高频宣传和交际树立良好的第一印象；维系型策略则适用于稳定发展阶段，通过持续传播巩固良好关系；防御型策略用于应对外部环境和公众关系摩擦，通过提供信息和全员公关教育维护组织形象；矫正型策略用于应对公关失调和形象受损，通过沟通和善后工作恢复信任；进攻型策略则用于应对与环境不协调的情况，通过调整政策和措施开创新局面。在选择公共关系策略时，企业需准确分析自身发展、公关状况、公众情况及相关因素，确保策略选择的合理性和有效性，避免不当选择带来的负面影响。

第九章　创业计划书的制作及演示

一、创业计划书含义

创业计划书，又称商业计划书，是一份在创立企业之前，由创业者精心编制的详尽分析报告，旨在获得合作、支持与投资。此计划书围绕企业产品（或服务）投入市场的全面可行性展开，遵循严格的文本格式要求，深入剖析产品（或服务）、市场与营销、人员配置、竞争态势、风险评估、投资与融资等关键要素。创业计划书不仅以引人入胜的叙述吸引投资者的目光，更是指导企业自身发展的行动纲领。因此，创业者必须高度重视创业计划书的编制工作。一份卓越的创业计划书应以满足投资者需求、符合市场规律以及实现企业可持续发展为目标。

创业计划书的篇幅要适中，不宜过短，否则会给人以草率之嫌。同时，创业计划书的篇幅也不要太长，否则会让投资人抓不到重点。一份完美的创业计划书一般应限制在 20~40 页。

二、创业计划书撰写目的

1. 明确目标与行动

好的创业计划书会清晰地描绘出企业的愿景与目标。新创企业可以根据计划书行动，按照计划书指明的方向分析各个发展阶段的工作要点，以达成企业的最终目标。同时，创业计划书具有规范新创企业行为的作用，能够帮助企业按照既定的路线和要求有序发展。

2. 创建团队

实验表明，“如果某种工作任务的完成需要多种技能、经验，那么团队来做通常效果比个人好。团队是组织提高运行效率的可行方式，它有助于组织更好地利用雇员的才能。”创业中工作任务的繁杂性决定了以个人的能力通常是无法创业成功的。因此，创业需要团队密切合作。创业计划书可以赋予创业团队成员责任与作用，是创业团队成员的行动指南，可以凝聚创业团队成员围绕创业企业的目标共同行动。

3. 获得政府和相关机构的支持

“大众创业，万众创新”的国家号角已吹响。国家努力推进经济良性发展，需要更多的群体成为市场主体，才能提升市场的动力、活力和竞争力。同时，由于经济下行压力，引领大学生“愿意创业、能够创业、创得成业”，成为党和国家积极推进的事业。政府每年都会投入大量的资金为有潜力的大学生项目提供支持。但要获得国家政府的资金支持，大学生就需要借助公共关系和完善的创业计划书。

4. 争取融资

美国一位著名的风险投资家曾说："创业企业邀人投资或者加盟，如同向离过婚的女人求婚，而不像和女孩子初恋，双方应有打算，仅靠空头许诺是无济于事的。"因此，一份优秀的创业计划书应该能够打动投资方的心，并同时能够给予投资方足够的信心，使投资方心甘情愿地为你投资。创业计划书需要让投资方看到你是如何把别人兜里的钱放入你的企业里的，需要让投资方看到你是如何使投资资金保值并增值的，需要让投资方看到你解决的是什么真实问题，需要让投资方看到创业团队有脑子、有创意且有实干精神。

三、创业计划书的主要内容

一般来说，规范的创业计划书主要包括以下十项内容。

（一）摘要

创业计划书摘要，作为创业计划书的精华提炼与全面呈现，是投资者接触并评估项目的首要环节。摘要需以精练而全面的形式，激发风险投资者的兴趣，并助其快速把握创业计划的核心观点与重点。投资者通过摘要，可迅速决定是否继续深入阅读完整的创业计划书。因此，摘要的撰写对于吸引投资者并促成合作具有至关重要的作用。

创业计划书的摘要是其核心组成部分，其设计初衷在于为投资人提供一个快速、高效的概览，使其能在短时间内全面评估商业计划并作出决策。

1. 创新性产品或服务

展示企业的产品或服务如何符合当前市场或技术趋势，以及其技术的创新或独特性。

2. 市场分析

强调企业如何识别并利用市场空隙，或如何响应经济、社会、技术或政策趋势，从而解决客户的真实需求。

3. 市场进入时机

说明企业选择进入市场的时机——在"机会窗口"刚刚打开或尚未开启之时。

4. 团队实力

突出创业团队成员的专业背景、工作经历和其他关键技能，证明团队具备执行此计划的能力和获得投资人信任的实力。

5. 财务分析

提供清晰、可靠的财务数据，展示企业的财务稳健性和增长潜力。

6. 摘要撰写建议

（1）撰写时机：建议在完成整个创业计划书的主体部分后再回头撰写摘要。这样，可以在深入理解整个计划的基础上，提炼出最精华的部分。

（2）针对性：针对投资人的兴趣和关注点来撰写摘要。不同投资人的专业和投资方向不同，因此了解并适应他们的需求至关重要。

（3）语言组织：摘要应简洁而生动，通常建议控制在 1～2 页。应避免冗长和晦涩的用词，直截了当地传达关键信息。

通过遵循上述指南，将能够撰写出一个既专业又吸引人的创业计划书摘要，从而有效地向投资人展示企业的商业价值和潜力。

（二）市场前景

投资者最为关注的是企业产品所具备的市场需求及其规模大小。因此，在创业计划书中，我们必须深入分析所选细分市场的国际、国内及区域发展趋势，以及本企业在面对现有和潜在竞争者时所具备的优势。同时，我们还需要详细阐述消费者选择购买本企业产品的动因，包括但不限于经济、社会和心理等方面的因素。此外，计划书还需清晰阐述我们将如何推广产品，即通过广告、公共关系或其他有效手段来吸引顾客，进而提升产品的市场占有率。

（三）企业介绍

1. 企业概述

本企业名称为［企业名称］，位于［企业地址］。如有任何疑问或合作意向，可通过［联系方式］与我们取得联系。我们始终秉持诚信、创新的理念，为客户提供优质的产品与服务。

2. 业务范围

我们的主营业务集中在［业务范畴］，凭借多年的行业经验和精湛的技术实力，已在市场中树立了良好的口碑。

3. 发展历程

自［成立时间］成立以来，我们经历了从无到有的过程，从小到大、从弱到强。在过去的［经营年数］年中，我们不断积累经验，拓展市场，逐步发展成为行业内的佼佼者。

4. 未来展望

展望未来，我们将继续深耕［行业领域］，致力于技术创新和服务升级，力争在［目标市场］占据更有竞争力的地位。

5. 竞争优势

相较于同行，我们的竞争优势主要体现在［独特优势］上。这使我们能够在激烈的市场竞争中脱颖而出，实现持续稳定的发展。

6. 纳税情况

作为一家守法经营的企业，我们始终按照国家税收法规纳税，为国家的经济发展贡献自己的力量。

7. 总结

通过本次介绍，我们希望能够为投资人提供一个清晰、全面的企业画像，为您的投资决策提供参考。我们期待与更多有志之士携手合作，共创美好未来。

8. 公司介绍的撰写关键与策略

公司介绍是对初创企业基础信息的初步阐述，其目的在于使投资人在短时间内对企业形成初步认知，并认同企业的发展愿景，确信其未来能够实现既定目标。为实现这一目标，投资人通常关注三大方面的信息。

（1）关于过去：企业核心业务的发展历程、核心团队成员的过往经历及其所累积的经验。这些信息需清晰、具体，以便投资人了解企业的成长轨迹和团队的背景。

（2）关于现在：企业的注册类型、地址、品牌及商标详情。同时，介绍核心团队成员及其优势，以及企业的知识产权状况和保护措施。这部分信息需客观、准确，以增强投资人的信任感。

（3）关于未来：企业的使命、长远目标和发展规划。阐述公司的持续创新能力以及团队如何支持未来规划的实现。在描述未来发展时，语言应严谨、逻辑性强，并展现出创新性和热情，使投资人感受到企业的前瞻性和团队的决心。

在撰写关于过去和现在的部分时，文字应精练、客观，确保信息的真实性。而在描述未来发展时，则需注重逻辑性和创新性，展现企业的潜力和团队的信心，从而赢得投资人的青睐。

（四）产品（或服务）

产品（或服务）作为投资人审视的核心要素，其独特性、创新性以及市场需求的满足度，是决定投资走向的关键因素。具体涵盖产品（或服务）的命名、特性与本质，研发规划与周期，市场潜力以及特色优势等多个方面，这些都是投资人进行全面评估的重要依据。

1. 写作要点与技巧

在产品（或服务）部分的撰写过程中，务必确保文字表述的清晰性与准确性，同时保持内容的通俗易懂。为提升读者的理解度，建议避免使用过于专业的术语和复杂的技术细节描述。若条件允许，可提供样品展示，有助于读者更直观地了解产品特性。

投资者通常会对产品（或服务）的以下几个方面表示关注或产生疑虑：

（1）目标用户群体。请明确描述创业企业所服务的最终用户特征。同时，请阐述产品（或服务）能够为用户解决的具体问题，以及用户从该产品（或服务）中能够获得的顾客价值。

(2) 竞争优势分析。与市场上的主要竞争对手相比，请详述产品（或服务）的优势与不足之处。并请说明用户选择该产品（或服务）的主要理由。

(3) 产品生命周期与改进计划。请明确指出产品（或服务）当前所处的生命周期阶段。同时，请阐述未来的改进计划以及对新产品的发展规划。

(4) 定价策略与市场接受度。请解释产品（或服务）定价的合理性，以及如何实现足够的利润空间。同时，请说明为何用户会倾向于大量购买该产品（或服务）。

(5) 知识产权保护。请阐述为防止他人盗用或模仿产品（或服务），所采取的保护措施和策略。

在撰写产品（或服务）部分时，务必围绕上述要点展开，确保内容的全面性与深入性。

2. 概述

本部分将对产品（或服务）进行全面而细致的介绍，包括其名称、主要特点、本质属性、实际用途及其相较于市场上同类产品的显著优势。尤其将重点突出产品（或服务）在创新性和新颖性方面的独到之处。因为市场竞争的激烈性，若存在潜在的替代性产品（或服务），需明确阐述我们的产品（或服务）如何为顾客带来额外的价值。同时，也要对主要竞争对手的产品（或服务）进行客观分析，以便顾客能够做出更为明智的选择。

若本企业提供的产品（或服务）涵盖多个类别，需将重点聚焦于核心产品，并对其他产品进行简要概述，以便顾客了解企业的整体业务范畴。在规划新产品开发时，深入探讨该领域的未来技术发展趋势，并展现本企业在技术研发方面的强大实力，详细阐述新产品的研发理念、成本预测、研发进度等关键信息，以便顾客对我们的产品（或服务）有更为全面和深入的了解。

3. 价格

本部分需要描述产品（或服务）的价格和其形成基础，以及以此为基础形成的利润，同时需要指出产品（或服务）定价的方式。本部分应使投资人了解：首先，产品（或服务）的价格具有较强的市场竞争力；其次，产品（或服务）具有较好的利润空间。若创业企业将提供几种产品（或服务），那么需要分别陈述每种产品（或服务）的价格。

4. 优势

产品（或服务）的竞争优势可源于技术、管理团队、组织结构及商业模式等多个层面，亦可能是上述因素的综合体现。创业企业在凸显自身优势的同时，也需强调其对社会的积极贡献。为提升产品（或服务）的竞争地位，可采取以下策略。

（1）利用产品差异化或经营差异化策略，打造独特竞争优势。

（2）研发融合创新理念或尖端技术的产品（或服务），塑造差异化竞争优势。

（3）应用专利技术或专有技术，增强核心竞争力，确立市场优势地位。

（4）控制原材料供应，保障供应链稳定性，提升竞争优势。

（5）遵循并援引先进的技术和产品标准，树立行业标杆，巩固竞争地位。

（6）构建战略联盟，实现资源共享与优势互补，共同提升市场竞争力。

（7）快速推出新产品或丰富产品线，满足市场多样化需求，抢占市场份额。

（8）塑造独特的品牌形象，提升品牌知名度和美誉度，增强客户黏性。

（9）培养创新能力，持续推出创新产品，保持竞争优势。

（10）提供高性价比的产品（或服务），满足消费者需求，提升市场竞争力。

（11）实施优质的客户关系管理，提升客户满意度和忠诚度，稳固市场地位。

5. 顾客

创业企业在其运营过程中，必须深入理解和把握其产品或服务的目标顾客群体。这要求企业对于其特定的顾客群体进行深入研究，以确保其产品或服务不仅能够为顾客带来实质的价值，而且能够满足顾客的实际需求。此外，企业还需要考虑其产品或服务是否能够创造额外的价值，从而提升顾客对企业的满意度和忠诚度。通过这一系列的分析和评估，创业企业可以更加精准地定位其产品或服务，进而在竞争激烈的市场中取得优势地位。

（五）技术和研发

在撰写创业计划书时，企业应详尽阐述其产品技术的关键指标、研发资源的投入以及预期达成的目标。尤其需要强调产品投放市场的可行性与利润空间，具体涵盖研究资金的分配、研发团队的构成、研发计划的细节、技术发展的前瞻性预测以及知识产权的保护措施等关键要素。产品的技术水平是衡量企业核心竞争力的核心标准，投资者尤为关注企业产品技术的先进性、独特性和技术含量。因此，创业计划书应明确展示本企业产品技术的竞争优势，并辅以相关数据支撑，确保投资者对企业产品的真实性、可信度和投资价值产生充分的信心。

在制定创业计划书时，技术与研发部分的撰写要点和技巧尤为重要。根据企业所提供的产品或服务类型，可将创业企业划分为产品型和服务型两大类。对于产品型企业而言，技术描述是创业计划书的重中之重。这主要包括以下四个方面。

1. 技术发展展望

通过分析当前市场上产品的不足之处，结合相关产业的未来发展趋势，向投资者揭示产品技术的潜在市场增长。随着技术的不断进步，我们的产品将在多个方面实现显著突破，从而满足市场不断增长的需求。

2. 研发实力展示

创业企业的研发能力是其市场竞争力的核心。研发团队由经验丰富的行业专家和前沿技术研究人员组成，他们在各自领域具有深厚的背景和卓越的成就。这样的团队配置使我们能够精准把握市场技术动态，并根据客户的实际需求，持续开发出能够提升客户价值的产品和服务。

3. 研发战略规划

制定清晰的研发时间表和产品成果预期。在每个研发阶段详细规划所需的资金投入，以确保投资者能够清楚地了解投资的关键节点，并对投资的可靠性充满信心。

4. 知识产权保护策略

知识产权对企业技术创新具有重要性。因此，应与专业技术专家合作，确保我们的知识和技术得到充分的保护。积极推进知识产权的申请工作，以保护我们的技术成果，并为企业未来的持续创新提供坚实保障。

（六）团队和组织架构

企业的人员构成，作为决定企业运营效能与未来发展潜力的核心要素，通常成为投资人考虑是否投资的首要关注点。因此，在编制创业计划书时，务必详尽而准确地展现企业的人员构成及其专业背景、实践经验。此外，企业所聘用的技术支持咨询顾问，其专业能力与经验亦应得到充分展示。同时，企业内部的组织架构、人力资源管理、激励机制与约束机制以及股权分配情况等重要信息亦不可或缺。

一个优秀的管理团队与高质量的产品，对于投资人而言，均是评估企业价值的关键指标。在创业计划书中，应着重突出团队成员的专业特长与独特优势，并提供详细的工作经历证明，从而展现企业团队具备实现其商业价值的实力与潜力。

人员，作为企业运营中最为关键且重要的资源，其构成及配置不仅关乎企业的日常运营，更直接影响其长远发展。因此，在创业计划书中全面而深入地展示企业的人员构成及其相关情况，对于吸引投资人的关注与支持至关重要。

1. 组织架构

组织架构图详细描绘了企业职能的划分及关键人员的职责范围。此图清晰地界定了每个岗位的职能边界及其与其他岗位的互动关系，遵循“结构决定功能”的原则，精准地划分了各项职能，以确保企业运作的高效性。同时，坚持“责、权、利”相统一的原则，以确保每个岗位职责明确，权力与责任对等，激发员工的工作积极性。

2. 团队成员介绍

在介绍创业团队成员时，需详尽地展示每位成员的教育背景、行业经历、技术实力、管理能力以及财务知识。特别强调成员的专业背景与其在企业中所担任角色的匹配度。通过列表的形式为投资人提供一个清晰、易懂的概览，使其能够充分了解创业团队的专业素养和综合能力，从而确信团队具备运营新创企业的能力，并为企业带来预期价值。

3. 技术支持咨询团队

鉴于创业企业在行业经验和实践方面的局限性，可特别组建一个强大的技术支持咨询团队。该团队由会计、法律、金融和营销等领域的专家组成，为创业企业提供全方位的财务、公共关系和组织管理等咨询服务。这些专家是创业企业宝贵的财富，为企业的稳健运营提供了有力保障。

4. 激励机制

在技术支持咨询团队的协助下，制定完善的薪酬机制和职务晋升机制，重点介绍薪股计划、培训计划和职务升迁计划等激励措施。同时，建立相应的约束机制，以确保激励机制的有效实施，从而激发员工的工作热情，推动企业的持续发展。

（七）商业模式

商业模式是企业实现价值创造、传递与获取的核心理念，它详细描述了企业如何识别市场机遇、锁定目标客户，并通过销售产品与服务来实现盈利的过程。这一过程涉及产品的市场定位、设计与开发，以及市场营销和分销等多个环节。一个稳健的商业模式应当具备适应市场变化的能力，以满足客户不断变化的需求，解决他们面临的实际问题，并为客户提供超越期望的价值。

在准备创业计划书时，创业者应充分展示其商业模式的创新性，特别是针对目标客户和产品特性的部分。这是因为，具有独特且高效的商业模式的创业项目往往更容易吸引投资人的关注。

一般而言，创业企业在制定营销计划时，需要围绕产品（Product）、价格（Price）、促销（Promotion）和渠道（Place）这四个基本要素来展开。在这一部分，创业企业应详细阐述其总体的营销战略，包括产品策略、定价策略、销售渠道策略、促销策略以及销售目标。此外，还需具体说明为实现这些策略所采取的具体措施，以便投资人全面了解企业的营销规划和执行能力。

1. 总体营销战略

企业的总体营销战略主要包含三大层面。首先，要紧密结合市场分析与企业自身定位，凸显企业的独特优势与核心竞争力。其次，通过精心策划的 4P 组合（产品、价格、地点、推广），全面展现企业的特色与价值。最后，对 4P 组合以外的战略进行详尽阐述，以完善整体战略布局。在此过程中，应侧重于向投资人传达企业的营销理念与战略规划，而非过度聚焦于具体的营销策略细节。通过这样的方式，向投资人呈现一个清晰、有深度的企业营销蓝图。

2. 产品战略

产品战略在整体营销计划中占据至关重要的地位，其制定需遵循六大核心要点。第一，必须明确产品所涵盖的三个层次：核心层次关注为顾客提供的根本价值；形式层次涉及质量、品牌、款式、包装和特色等方面的具体呈现；延伸层次则着重于为顾客提供的服务和附加价值。第二，针对不同成长期的产品或服务需明确相应的策略。在引入期，企业应着重于市场占有率的提升，迅速占领市场份额；进入成长期后，应关注产品的优化与完善，提升服务质量，塑造良好的品牌形象与口碑；至成熟期，则需进一步改进产品或服务，发掘新的细分市场，以扩大销售规模；而在衰退期来临前，企业应提前规划，考虑进入新细分市场或退出市场。第三，企业需向投资人阐述其产品组合策略，包括所提供的产品或服务类别、产品线构成以及各产品在功能、生产和销售方面的内在联系。这有助于投资人理解企业如何满足不同市场需求，并实现收益目标。第四，品牌策略方面，企业需明确其外部形象设计和标识，并阐述所选用的品牌策略，如个别品牌、统一品牌、分类品牌或延伸品牌等。这将有助于塑造独特的品牌形象，提升市场竞争力。第五，关于产品开发，创业企业应详细说明其开发方式，使投资人了解企业的开发策略与其自身实力和经济效益的契合度。这将有助于增强投资人对企业未来发展的信心。第六，产品包装策略亦不可忽视。企业需描述其包装策略，以展现产品的独特魅力和价值，同时满足消费者的审美需求和使用需求。通过综合考虑以上六大要点，企业可制定出一套全面而有效的产品战略，为营销计划的顺利实施奠定坚实基础。

3. 定价战略

在制定产品（或服务）价格时，需全面考量产品（或服务）的独特性、市场供需状况以及竞争对手的定价策略。定价策略通常涵盖三个维度：首先要考虑的是各种影响定价的因素；其次是确定具体的定价方法；最后是选择合适的定价策略。向投资者清晰阐述所采用的定价策略，旨在获得其对企业定价策略的认可和理解。众多行业专家建议创业者，避免为追求市场份额而过度降价，因为这虽能增加销量，但利润空间却大打折扣。值得注意的是，消费者在评价产品（或服务）时，常常将价格与品质挂钩。在大众认知中，高价往往代表着高品质。若企业定价过低，可能会给消费者留下产品（或服务）品质不佳的印象。

4. 销售渠道战略

关于本企业产品（或服务）的销售策略，必须明确是采取直接销售模式，还是通过中间商进行销售。销售渠道的选择直接关系到产品从生产到消费者手中的流转过程。

直接销售模式允许企业更直接地掌控产品从生产到消费的整个流程，从而避免了对第三方机构的依赖。然而，这种策略也伴随着一定的挑战，如需要投入大量资本用于建设或租赁销售渠道、雇佣庞大的销售团队，以及维护电子商务网站等。

通过中间商销售的模式则要求企业将产品运送至批发商，再由批发商负责在零售渠道进行销售。这种策略的优点在于企业无须过多投入于销售渠道的建设，但缺点在于可能失去对产品的直接控制。

因此，企业在选择销售渠道时，必须综合考虑企业实际情况、市场状况以及产品特性等因素。同时，还需详细阐述选择该渠道的原因，并明确产品销售点的分布情况，以确保销售策略的有效实施。

5. 促销战略

促销战略旨在根据企业的实际状况和资源条件，明确规划所采用的促销手段，并预估相应的促销成本及预期效果。对于初创企业而言，促销活动是一项至关重要的业务活动，有助于提升品牌知名度、扩大市场份额并增强客户黏性。鉴于资金有限，深入研究并制定高效的促销策略成为初创企业不可或缺的工作重点。通过科学合理的促销规划，企业可以在有限的预算内实现最大的营销效果，为企业的稳健发展奠定坚实基础。

6. 销售目标和战略实施

创业企业在规划未来发展时，必须首先对其目标市场进行合理预测，并在此基础上向投资者明确阐述其未来几年内的销售目标。这些目标的设定，必须紧密结合市场和企业的实际情况，以确保其可行性和实用性。

在详细规划战略实施部分时，创业企业需具体说明营销策略组合中每个环节的行动措施。同时，为增强投资者的信心，企业还需通过图表或数据等形式充分展示其已取得的成果。此外，企业还需详细阐述具体的销售活动计划，包括时间表以及与中间商合作的具体细节，从而确保投资者对企业实现销售目标的全面、细致和周密的安排有所了解和信任。

（八）市场与竞争分析

市场是创业企业生存的重要外部环境，对其变化有深入的理解和精准的把握，是创业企业得以存续和持续发展的必要条件。市场与竞争分析，旨在深入剖析市场行情的演变趋势、目标市场的特性、面临的竞争格局，以及制定恰当的市场营销策略。此外，运用 SWOT［优势（Strengths）、劣势（Weaknesses）、机会（Opportunities）、威胁（Threats）］分析等方法，全面评估自身的优势、劣势、机会与威胁，亦不可或缺。

这一分析环节，构成了整个创业计划分析的基石。其详尽程度和精准度，直接影响着后续创业计划的分析质量与可信度。在进行市场与竞争分析时，必须以事实和数据为依据，扎实开展市场调研工作，同时借鉴统计年鉴、行业分析报告等权威数据资源，增强分析的信度与效度。

此外，运用科学的理论工具亦至关重要，如 PEST ［政治（Politics）、经济（Economy）、社会（Society）、技术（Technology）］分析法、STP 理论、波特五力竞争模型、SWOT 分析法及竞争强弱对比分析表等，均可助力提升分析质量，从而更精准地洞察市场动态，为创业企业的决策提供有力支持。具体来说，应重点关注以下几个方面并进行深入分析。

1. 整体市场或行业分析

针对该市场或行业的发展现状进行深入剖析，明确其发展态势如何，并探讨其未来可能的发展趋势。同时，详细分析决定该行业发展的关键因素，以及行业的利润水平如何，为投资者和企业决策者提供全面、客观的信息支持。

2. 目标市场分析

关于目标市场的定位与销售预测，企业应详尽阐述其产品（或服务）的核心客户群体，涵盖现有顾客群与潜在顾客群。同时，通过数据支撑，揭示目标市场的规模或发展趋势，并深入剖析顾客选择购买该产品（或服务）的关键因素。此外，结合目标市场当前的状况及未来发展趋势，对企业未来 3~5 年的市场销售进行合理预测。值得一提的是，已获得的订单或意向书，无疑为吸引投资人提供了有力的支持。在陈述过程中，应注重分析与叙述的有机结合，避免简单列举，以展现企业深入的市场洞察与战略规划能力。

3. 竞争状况分析

在对竞争对手分析之前，需要思考如下几个方面：本企业是和谁在竞争，为什么和对手在竞争；本企业的竞争思路是什么；竞争对手在哪些方面比本企业具有优势；竞争对手在哪些方面暂时不如本企业；如何针对竞争对手的弱势进行产品改进与营销等。可以借助波特五力竞争模型、SWOT 分析法、竞争强弱对比分析表等工具进行竞争状况分析。

（九）财务预测

财务计划的主要目的在于通过详尽的数据分析，向潜在投资者全面展示企业未来的财务状况及盈利能力，并辅助投资者做出明智的投资决策，评估企业的融资需求及其规模。具体而言，财务计划涵盖以下几个方面。

首先，财务报表，包括资产损益表、资产负债表以及现金流量表等关键财务数据，它们能够准确反映企业的资产状况、负债情况以及现金流动性。其次，财务预测，通过对市场趋势和企业内部运营的深入分析，预测企业未来的资金需求以及盈利预期，为投资者提供关于投资回报的明确预期。最后，融资需求，详细说明了企业预计融资的金额、融资的具体方式、资本结构的安排、投资回报的方式、融资资金的具体使用计划，以及投资者是否将参与新创企业的日常经营管理活动等信息。

在创业计划书中，必须清晰阐述产品的成本结构、销售收入预期、现金流量预测、利润状况以及损益预测等内容。潜在投资者将依据这些详细的财务预测，评估企业的盈利潜力，从而作出投资决策。因此，精准的数据统计和分析工作对于企业成功吸引投资至关重要。

财务计划编制的关键要素与策略如下。

1. 财务计划的目的

财务计划的核心目的是通过精确的数据分析，向潜在投资者清晰展示企业的未来财务状况与盈利能力。通过细致的财务分析，使投资者能够判断投资的价值与企业所需的融资规模。鉴于财务计划的专业性，初创企业通常会选择委托专业的会计师事务所进行编制。

2. 财务报表的编制

财务报表作为财务计划的重要组成部分，包含了一系列关键报表，如资产损益表、资产负债表和现金流量表等。为确保报表的准确性和有效性，需要进行充分的设计、评估与测算工作。

3. 财务预测的重要性

财务预测旨在准确预测企业的资金需求及未来盈利状况。预测内容包括资金额度、条件及需求时间。建议采用列表形式清晰展示资金需求项目及时间节点。对于未来盈利的预测，需综合考虑销售收入、销售成本及营业管理费用等因素，并结合企业的营销计划进行。在此过程中，对于明确的成本费用应直接列出，而对于暂不明确的部分，可参照市场前期运营情况进行合理预测。同时，财务预测的各项指标需与创业计划书中的内容保持一致。

4. 融资需求的明确与沟通

在资金预测的基础上，企业可计算出所需的融资数额。然而，这一数字往往与实际运营资金需求存在出入。因此，企业需与潜在投资者进行深入沟通，对融资计划进行细致磋商。融资计划通常涵盖预计融资数额、融资方式、企业资本结构安排、投资回报方式、资金用途及投资者是否参与企业管理等方面。

（十）投资的利润与退出机制

在创业企业项目的实施过程中，会面临多种潜在风险，这些风险包括但不限于团队组建与协作、技术研发与应用、市场竞争与变化、内部管理与运营、财务稳健与控制和知识产权保护与运用等方面。为确保项目的顺利进行和投资人利益的最大化，需对这些风险进行详尽的分析，并提出切实可行的风险控制和防范措施。

关于投资人的退出机制，是创业计划书中不可或缺的一部分，它直接关系到投资人的回报方式和回报率。目前，常见的投资人退出方式有企业公开上市、公司回购和兼并收购等。在创业计划书中，需要明确投资人的利润分配方案，并详细阐述投资人如何通过这些方式从企业中退出。

创业者需要精心策划一种最优的资本退出路径，并充分论证其合理性。此外，考虑到可能出现的变数，还应为投资人在计划期内未完成风险资本退出计划的情况准备次优方案，这样就能确保每位风险投资者都能清晰地了解他们的获利时间和可能的选择方案，从而增强他们对项目的信心。

风险管理与资本退出策略撰写指南如下。

1. 风险概述与评估

在撰写关于风险控制的部分时，应详尽地揭示创业企业可能遭遇的各类风险，包括但不限于市场风险、技术风险、运营风险等。此外，还需深入剖析这些风险对企业生存与发展的具体影响，进而形成全面的风险评估报告。

2. 风险防范策略

针对识别出的风险，企业应明确提出相应的防范措施，如建立风险管理机制、制定应急预案等。这些措施旨在降低风险对企业运营的潜在影响，确保企业稳健发展。

3. 市场与技术风险分析

特别关注市场和技术层面可能遭遇的最大风险，并详细阐述企业如何应对这些风险，包括但不限于市场需求的快速变化、技术创新的不确定性等。

4. 资本退出路径规划

在创业计划书中，应明确列出企业可能的资本退出方式，如股权转让、首次公开募股（IPO）等，并详细说明每种方式的优劣及潜在回报。同时，需指出企业首选的退出方式及其背后的考量。

5. 附录的补充与完善

附录作为创业计划书的辅助部分，应包含所有必要的补充材料和证明材料。这些材料可能包括图片资料、技术细节、市场推广素材、获奖和专利证明文件、授权使用书等。附录的存在不仅增强了计划书的说服力，还为投资者提供了更为全面和深入的企业信息。

四、项目路演

（一）路演稿中应涵盖的核心内容

（1）明确阐述创业项目的目标顾客群体，并详细解析项目如何有效解决他们所面临的问题。

（2）对创业项目所处的市场状况进行全面分析，评估当前是否为机会窗口，并预测未来的发展趋势。

（3）详细介绍创业项目的产品或服务，说明其如何满足顾客需求，同时强调其特色优势。

（4）与竞争产品或其他替代产品进行对比，凸显创业项目的差异化优势和创新点。

（5）清晰阐述获取收入的途径和方式，以确保项目的盈利能力和可持续发展能力。

（6）列举创业项目启动所需的各项资源，并提出切实可行的获取策略。

（7）提供高度概括的项目概述，字数不超过一百字，以简洁明了的方式呈现创业项目的核心价值和亮点。

（二）如何有效进行竞赛路演答辩

深入理解和熟悉创业计划书，透彻掌握其逻辑框架与核心要点，确保在答辩过程中能够流利阐述。当团队共同参与时，各成员应明确自身角色与责任，实现高效协同。每位答辩者不仅要精通自身负责的领域，还需对整体的答辩方向与基调有清晰的认识，从而增强团队的默契与协作能力。

为了应对答辩，团队成员需精心准备相关题库。通过收集和整理创业大赛中评委可能提问的资料，提前预设回答要点。鉴于评委往往关注商业模式、市场价值、股本结构、融资方式等核心方面，参赛者可以围绕这些重点，预设可能遇到的问题，并制定相应的回答策略。这样，当评委提出的问题与预期相符或相近时，答辩者能够自信地回应；即使遇到与预期稍有出入的问题，也能灵活应变，保持冷静与自信。此外，对于评委可能针对创业计划书或演讲中的疏漏的质疑，或为了活跃气氛而提出的现场推销型问题，参赛者亦应有所准备，以确保答辩过程更加稳健与从容。

（三）答辩问题整理

1. 专利

（1）专利是发明型还是实用新型？

（2）第一作者是老师还是学生？

（3）这么多专利，真正有用的有几个？核心专利一作是学生还是老师？

（4）专利的所属权是学校还是你们个人？为什么学校的专利会被你们在创意组使用，有文本的授权吗？

2. 市场及竞争优势

（1）目前市面上做得较好的有谁？跟他们比，你们的优势/优点是什么？

（2）为什么你们能做？

（3）你们的核心竞争力是什么？

（4）客户真正的痛点是什么？

（5）尽调这一块你们是通过什么方式去做的？数据是怎么得出来的？

（6）你们这个产品是全新的（细分领域），是如何估算市场规模的？

（7）相比较于××技术和现有市场的发展趋势，你们在未来几年内如何保持优势？

（8）为什么你们会选择这个使用场景？场景中的××问题或者××功能你们是怎么实现的？

3. 产品和运营模式

（1）你们主要负责哪个环节，还是生产、研发、销售都是你们来？（注意轻资产化）

（2）你们主要帮客户解决了什么问题？

（3）你们是如何解决××问题的？

（4）你们产品的整体结构和模块是什么样的？简要总结一下。

（5）内部关于产品设计与运营的机制是什么样的？

（6）你们的技术创新点体现在哪一个部分？

4. 现状

（1）产品有进行试验吗？效果如何？上市计划和进度是怎么样规划的？

（2）你们现在做到什么阶段了？（问的就是产品研发进度、销售情况）

（3）目前营收状况如何？各个板块的营收结构是怎样的？

（4）用户/客户转化率为多少？覆盖率有多少？

5. 营销

（1）你们最有效的营销策略是什么？目前通过这个渠道已取得哪些成效？

（2）线上营销中，你们的特点在哪里？差异化是什么？

（3）同行业的营销手段中，你们觉得自己的缺陷在哪里？

（4）关于线下营销的这个手段，你们如何加大精力去做，打破市场的局限性呢？

6. 财务

（1）你们融资数额及出让股份，是怎么估算的？有何依据？

（2）你们收入来源主要有哪些？主营收入占比多少？

（3）你们有交税吗？交多少了？

（4）专利所属权是学校的，且发明人中有老师，那么校方和老师占股多少？

（5）预计下哪一年能够实现收支平衡。

（6）如果我投资你们，你们预计下什么时候我能够回本，又是什么时候可以开始盈利。

（7）你们有开工资吗？你们在管理费用这块支出非常多，主要用途是什么？

7. 团队

（1）你们涉及××行业，团队里是否有这方面的专家指导或者专业人士加入？

（2）你们能有多少时间做这个项目？是如何协调学习和创业的？

（3）项目/公司全职员工有多少？有给他们上医社保吗？

（4）××工作是谁在负责？是如何做的？

（5）你们的问责机制是怎么样的？如何对业务做有效反馈和总结？

8. 红旅专项问题

（1）你们如何做到可持续发展的？（资金、人才造血循环）

（2）你们项目已经给当地带来哪些变化、创造多少价值？（没你们之前、有你们之后，数据对比，一目了然）

（3）项目如何复制？会遇到哪些阻力？如何克服呢？

第一，深入理解题目意图，熟练掌握回答策略。在答辩过程中，应细致体会评委的提问动机，精准把握问题的核心词汇，确保回答紧扣主题。为有效应对答辩，需熟练运用以下方法：①理论分析法，即运用理论分析和逻辑推理的方法进行答辩，向评委展示参赛者的逻辑性和专业性；②实证论述法，即以具体工作实践为例，证明某些理论和论断的科学有效性，提升说服力；③对策论证法，即结合实践经验提出解决新问题的策略和方法；④纲举目张法，即在详细论述问题前，先概述问题的主要框架，再逐一深入讨论；⑤适当重复法，即为强化听觉效果，适时重复关键要点。

第二，掌握各类问题的回答技巧至关重要。面对擅长的问题，应把握机会，充分展示个人实力，如理论、实践或专业特长，力求回答完美。若遇到不理解或无法回答的问题，切忌不懂装懂或随意应对。此时，可考虑借助团队力量给出更完整的答案，或将问题转化，或如实说明情况，并向评委虚心请教。有时，评委的提问更多是提出意见而非单纯的问题。面对此类情况，应避免空洞无物的回答，更不应反驳或顶撞评委，最佳的做法是表达诚挚的认同，承认自身的不足，并承诺今后改进。

模块四　拓展学习

第十章　创新创业团队参赛成功经验

第一节　大赛热门项目

从往届大赛参赛项目来看，项目紧跟时代发展，贴合国家发展政策，多解决“卡脖子”问题、形成“杀手锏”技术等。面对第九届“互联网+”大赛，哪些行业领域是热门且符合发展？分享几个行业作为参考。

（1）老龄化服务。随着老龄化比例逐年升高，为老年人提供各种服务或产品，如养老、医疗、教育、娱乐等，不仅具有巨大的市场需求，也能解决社会问题。

（2）人工智能+医疗。人工智能已经成为医疗行业的新增长点，可以应用于辅助诊断、虚拟医生、药物研发、健康管理等方面，可提高医疗效率和质量。

（3）乡村振兴。根据国家战略发展规划，未来五年是属于乡村产业振兴发展的五年，乡村产业存在巨大的机会和空间，如乡村旅游、农产品加工销售、农村电商、农业科技等。

（4）芯片产业。芯片是信息技术和数字经济的核心基础设施，也是国家战略性新兴产业之一。芯片产业具有高投入、高风险、高回报的特点，国家正在大力支持和扶持该领域。

（5）公益保护。如留守儿童和特殊群体保护帮扶、濒危物种保护、志愿服务等方面，是红旅赛道热门方向，也是趋势所向。

第二节　参赛经验分享

个人在组织中的角色，就像一幅丰富多彩的画卷，随着时间和情境的变化，不断呈现出新的色彩和深度。随着项目的逐渐深入和团队构成的更迭，每个人都需要根据自身的特质、技能和经验，灵活调整自己的角色定位，以便在新的工作场景中更好地发挥自己的价值。

项目演进的过程中，个人角色可能从单一的执行者转变为多面手的领导者。在项目初期，个人可能主要承担具体的执行工作，如数据收集、报告撰写等。但随着项目的深入，可能需要对整个项目的方向和策略进行把控，这时就需要个人具备战略眼光和决策能力，成为团队的领导者。这种转变需要个人具备快速学习和适应新环境的能力，以及接受挑战和承担责任的勇气。

同时，团队人员的更迭也为个人角色的变化提供了契机。新成员的加入可能带来新的技能和视角，为团队带来新的活力和创新力。个人需要善于与新成员沟通和协作，共同推动项目的进展。而团队成员的离开，可能会让个人在团队中扮演更加核心的角色，承担更多的责任和任务。这时，个人需要具备较强的自我管理和抗压能力，以及良好的团队协作和沟通能力。

为了成功应对这些角色变化，个人需要保持一颗谦虚而好学的心态，不断学习新知识、新技能，提升自己的专业素养和综合能力，以便更好地适应新的角色和任务。同时，个人还需要与团队成员保持紧密的合作关系，共同应对各种挑战和困难，确保团队的整体效率和成果。

综上所述，个人在组织中的角色是动态变化的，需要个人具备高度的适应性和灵活性来应对这些变化。通过不断学习和提升自己的能力，以及与团队成员的紧密合作，个人可以在新的角色中发挥最大的作用，为组织的成功做出重要贡献。这种不断调整和进步的过程，也是个人职业生涯不断发展和成长的重要体现。

一、关于组建创业团队的若干要点

（1）在构建创业团队时，应高度关注核心成员的角色。一个成功的创业团队通常包含两类核心成员：一是拥有深厚技术背景的创始人或非技术领域的产品专家，二是经验丰富的业务员。这两位核心成员的存在将显著提高创业成功的概率。

（2）创业经验在创业过程中具有举足轻重的地位。丰富的创业经验能够显著减小创业过程中的阻力，并为团队带来宝贵的经验和社会资源。

（3）个人在团队中的角色并非固定不变。随着项目的推进和团队成员的变动，每个成员都需要重新定位并适应新的角色。

（4）在选拔团队成员时，应重点考查应征者的实战能力和实际成果。例如，有管理经验的营销副经理并不一定适合创业企业，因为管理一个企业与在营销领域拥有丰富的经验并不等同。因此，在选拔团队成员时，应全面评估其综合能力，而非仅依据某一方面的经验或技能。

二、销售预测中需要关注的问题

（1）销售预测必须贴合实际情况，避免过度乐观地估计。销售预测与企业生产能力的规划、启动资金的筹备、成本构成与水平、利润率的设定以及利润规模等核心要素紧密相连。若销售预测过于乐观，特别是当销售量被高估时，创业者可能会面临计划与实际执行之间的巨大落差。历史上，因过于乐观的销售预测导致创业失败的案例屡见不鲜。因此，创业者需保持清醒的认知，避免重蹈覆辙。

（2）市场变化对销售的影响不容忽视。市场总是处于动态变化之中，这些变化直接影响着企业的销售量、产品价格以及产品成本等，并呈现出一定的波动规律。在进行销售预测时，创业者应密切关注市场的这些变化规律，如产品或服务的季节性变化、旺季与淡季的交替等。只有深入理解并掌握这些市场变化规律，销售预测才能更加贴近实际，才能提高预测的科学性。

（3）市场营销策略对销售的影响亦不可忽视。

有效的市场营销策略会在销售预测中得到体现。预测时，创业者需要充分考虑企业在不同时间段的市场营销活动对销售量、价格、成本等因素的影响。

（4）时间因素对销售的影响亦不可忽视。

创业初期，销售量通常较低，而随着经营时间的推移，销售量可能会逐渐上升。在进行销售预测时，创业者应充分考虑这一因素，使预测更加符合实际发展趋势。

三、关于创业竞赛路演的实施策略

为在创业竞赛中成功进行路演，以下是需完成的准备工作概要。

（1）深入了解创业竞赛对路演的具体要求至关重要。这包括明确路演的评分标准、现场展示时间分配以及现场答辩的时间限制。只有准确理解这些要求，才能有针对性地进行准备。

（2）选择合适的路演人员同样重要。理想的路演人员应具备出色的语言表达能力，举止得体且思维敏捷，同时对创业项目计划的核心内容有深入的了解。

（3）精心策划和设计现场展示媒介的使用方案也是关键。单纯的演讲不足以全面展示创业项目，需要结合视频、实物展示、演示文稿（PPT）和宣传片等多种媒介，以全方位、多渠道的方式进行展示。对于所选用的展示媒介，需要进行细致的规划，明确何时使用、如何使用以及它们各自的作用。

（4）根据展示媒介的使用方案编写演讲稿。演讲和媒介使用应相互配合，相得益彰。演讲内容需凸显创业项目的特色和亮点，以吸引评委和听众的兴趣，引发共鸣。同时，必须严格遵守演讲的时间限制。

（5）提前准备好相应的回答。需要预测评委可能提出的问题，如果可能，了解评委的性格特点和提问风格，以便更好地应对。

（6）对展示人员进行必要的培训。培训内容应包括心态调整、仪表仪容以及精神风貌等方面。在正式路演前，还应进行多次演练、不断优化路演方案，并严格控制路演时间。

通过以上步骤，能够更有效地进行创业竞赛的路演，提升竞争力。

四、路演现场展示注意事项

1. 时间管理

演讲者需合理规划演讲时间，确保在规定时间内完成演讲，避免超时。

2. 内容把握

演讲内容应紧扣评分标准，突出重点，分清主次。非重点内容应简洁明了，点到即止。

3. 互动与观察

演讲过程中，演讲者需面向听众和评委，保持适当的眼神交流和互动，避免全程只读 PPT 而忽视与听众和评委的沟通。

4. 语言风格

演讲用语应通俗易懂，既避免冗余，也不过度使用专业术语，确保信息有效传达。

5. 展示手段

在运用多种展示手段时，演讲者需确保各种手段之间的衔接配合顺畅，防止因衔接失误影响整体展示效果。

6. 创业融资路演的逻辑框架

一次成功的融资路演，其核心结构往往遵循一定的逻辑顺序。首先，通过一个引人入胜的故事来吸引投资人的兴趣。其次，指出某一行业中的核心问题或痛点，并提出本公司的创新解决方案。最后，以公司的远大愿景作为结尾，为投资人描绘一幅充满希望的未来图景。这一逻辑框架涵盖以下几个关键要点。

（1）叙述故事：以叙事的方式，向投资人展示项目所面对的挑战（痛点）或创业的初衷。通过故事化的表达，使投资人能够更深入地理解项目的背景和情境。

（2）公司概述：用精练的语言概括公司的基本情况，为投资人提供公司的背景信息，为后续内容奠定基础。

（3）产品与服务介绍：重点阐述产品或服务如何有效地解决行业痛点，并强调与竞争对手相比所具有的优势和独特性。

（4）商业模式与盈利途径：清晰地向投资人说明公司的盈利模式和商业逻辑，即如何通过产品或服务实现盈利。

（5）团队展示：介绍项目的管理团队，包括成员的学历背景和专业经验。若团队成员在学历方面不占优势，可着重强调其在大公司或相关领域的实战经验，突出团队的优势和专长。

（6）股权结构与融资计划：简要说明公司的股权结构，并详细阐述融资计划，包括资金用途和预期回报。

（7）发展规划与前景展望：为投资人展示项目的长期运营规划和发展蓝图，以使其建立信心并激发投资兴趣。

五、答辩问题如何避坑

1. 被问不懂，如何化解

不懂的问题常有之，遇到不要直接回答不懂、不知道、没想过之类的话。可以试着这样回答：感谢评委老师，您提的问题一针见血，这个问题一直困扰着我们，我们也曾经尝试过解决，不过效果不佳，也一直在寻找解决这个问题的办法，希望台下能向评委老师请教。

如果说没想过、不知道，会直接拉低印象，要知道一个评委提问，其他评委也都在听，如果回答不好，多少会影响其他评委的独立判断。但是要如果硬掰，只会差强人意，或者不痛不痒，亦非评委所想听的，那还不如直接摊牌，但是要讲明这个问题有尝试解决，不过效果不好，同时给评委“造台阶”“戴高帽”，赢得一定的好感。然而，这个做法有一个漏洞，万一评委继续提问：你们之前是如何解决的？这时就要做好准备，提几个不痛不痒的做法，也正因为不痛不痒，效果才不好，但是至少要说明，这个问题我们有重视，也在寻求解决办法。

2. 与评委观点相左，如何避开争执

有的评委提出看法、建议，若不认同，切记不要直接反驳或者怼过去，可以先肯定评委的提议，继而温和有力地讲出自己的方案，最后再次感谢评委的宝贵建议。

3. 切莫答非所问，混淆视听

经常会遇到选手答非所问，其本质原因是不会回答，故弄玄虚、混淆视听。然而，现在这样做，一般评委都会追问：同学，请你直接回答我的问题，谢谢！不仅还得回来直面问题，而且徒增不好的印象，得不偿失。问啥答啥，懂与不懂，掌握好技巧，最大限度地降低风险、提高分值，如此即可。

4. 忌讳这些用词

回答问题的时候，忌讳用应该、也许、大概、可能等一些不确定性用语。更不要爆粗口，不要把一些生活中的不文雅的语言带进现场。答辩结束后，给各位评委老师鞠躬，离场。

5. 团队如何配合默契

协作回答路演 1 个人，答辩则可以多人协作，不过建议不超过 3 个人。答辩前须确定一个主答辩人，若遇到大家都不懂的问题，即使他本人也不懂，也要上，确保评委提问的每个问题都能回答。如果遇到自己擅长的、有把握的，则抢先回答：“好的评委老师，这个问题我来回答……”如果 3~5 秒仍旧没有人抢答，主答辩人就要上前回答。所以，成员要不要主动回答，以及主答辩人是否压轴回答，均在3~5秒内做出回应。

6. 回答问题简短有力，切中要害

回答问题的时候切勿长篇大论，尽可能言简意赅，重点突出，并且通俗易懂。经常遇到一个问题，说了一大堆最后才进入重点，或者讲太多辅助、延伸，但意义不大，反而浪费时间，导致其他评委有问题、想了解，时间却到了。

六、项目 VCR 制作技巧

（一）技术类项目

（1）如果市场痛点是大家熟知的，则轻描淡写市场问题，然后介绍产品如何操作、运行，将特点、优势表述清楚，讲明白产品可以改善哪些方面。

（2）如果市场痛点并非人尽皆知的，则要分析市场痛点及其原因，然后进入产品介绍环节，讲明白产品如何运行，让人一目了然，然后说清楚产品可以带来哪些变化以及有哪些正面积极作用。

（3）技术产品如何操作、运行，可以采用动画形式，也可以剪辑视频。动画形式生动、全面，但是造价高（动画制作成本高的原因不仅在于首次制作，更在于后期修改，基本上每次修改都要重新做一遍）。

（二）商业模式类项目

（1）纯商业模式的项目一般所解决的问题是大家比较熟悉的，因此在分析问题原因的时候，要有深度、独到，切莫落入俗套、千篇一律。然后提出解决方案，重点陈述方案的可行性高、优势独特、创新。最后展示成果并数据化，证明我们不仅讲得好，做得也好。

（2）红旅项目，可以强调社会问题的严重性，直接的以及二次衍生的、间接的痛点、难点，体现解决的必要性，占据社会价值制高点。讲解决方案的时候，要清晰明了、突出重点、扬长避短，避免落入下乘。最后重点展示项目介入前后目标对象发生的巨大变化，如带动就业、改良程度、增加创收等，进行数据化展示，让人一目了然、印象深刻。

（三）2023年第九届“互联网+”国赛项目展示

1. 案例一：“膜力焕新”——水处理膜材料的再生延寿革命（产业类）

该项目来自上海市同济大学环境科学与工程学院院长王志伟教授课题组（图10-1）。项目聚焦报废的水处理膜再生资源化利用领域，让报废膜再焕生机。通过团队自主研发的“水处理膜材料再生与循环利用技术”，结合长期从事污水处理与资源化理论与技术研究经验，完成项目的落地。

在碳达峰、碳中和的背景下，我国污/废水的减污降碳与资源化利用成为其发展的必由之路。而膜分离技术恰恰是控制水体污染、水资源再生的关键技术。2022 年我国膜产业总值已超过 3600 亿元，同时膜技术在市政、芯片、医药、化工等各个领域的水处理工程中均已实现规模化应用。据统计，我国应用膜技术的水处理工程规模超过 5000 万立方米/天。然而，水处理膜领域一直存在一个关键的行业痛点——膜材料更换频率高、投入费用大。由于处理水质复杂、使用过程频繁进行化学清洗等，导致实际水处理膜的使用寿命通常仅为理论值的 60%。尤其是万吨级别的膜处理工程，3~5 年即需更换新膜，投资动辄高达数百万至上千万元。全球每年有 1/5 的水处理膜用户面临材料报废、更换新膜的需求，并且废弃膜材料还需作为固废甚至危废委外处置，不仅处置成本昂贵，还造成严重资源浪费和负面环境影响，给用户带来了沉重的经济负担。

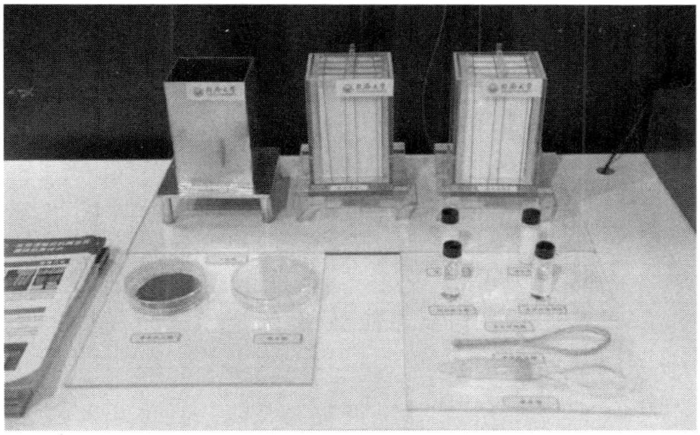

图 10-1　废膜与再生膜污水处理效果对比

基于上述行业痛点问题，王志伟教授领衔的膜法污水处理与资源化团队经过多年潜心攻关，从绿色循环、资源利用的角度出发，开创了废膜再生的技术理念，研发了具有自主知识产权的水处理膜材料再生与循环利用技术——膜力焕新技术。该技术通过“膜立净—膜快补—膜焕新”三个环节，能够将报废的有机膜再生循环利用，让报废膜焕发全新生机。再生膜性能与新膜达到完全相同水平，并在报废基础上延长 2 年以上膜寿命，为用户节省了 50%以上的膜投资或使用成本。同时，膜力焕新技术能够显著降低报废膜处理处置对环境产生的危害，兼具碳补偿收益，助力用户面向双碳目标的绿色创新发展。

经权威数据库检索和行业调研，全球市场范围内尚未出现同类型的技术与产品，项目核心技术工艺为国际首创，现已授权国家发明专利 4 项，美国专利 1 项，形成 40 余项知识产权的整体布局，在领域内国际权威期刊发表论文 6 篇，研发膜再生系列标准化药剂产品 12 项。目前，项目团队已在福建福州某万吨级市政污水处理厂建立膜再生示范工程，实现了废膜再生，降本增效。

“‘膜力焕新技术’不仅实现了成本削减，更实现了碳排削减。科技赋能绿色发展，创新助力‘双碳’目标。”王志伟教授说。这一技术成果落实到水处理领域中，助力在未来建立起资源节约型的技术体系，以有效保护生态环境，实现社会资源的循环利用。

该项目从市场容量、市场前景、政策背景、痛点需求、技术创新、竞品优势、项目落地、经济价值等诸多方面进行了完美阐释，为参赛项目获得成功所需要的前期准备工作提供了一个成功的范本。

2. 案例二：无忧智运——智慧物流自动驾驶卡车系统领跑者（技术发明类）

该项目提出了一套全新的自动驾驶卡车系统，产品以远程信息处理器（T-BOX）形式产出，其系统融合5G+北斗卫星导航系统（BDS）技术的车路云一体化组合定位系统，TJP+HWP+AVP技术的行泊一体化智能规划系统，DBW+SBW+BBW技术的全线控一体化智能控制系统，能够实时监测卡车的行驶状态，确保行车安全，同时还能优化路线，提高运输效率。

路演PPT按照如下模式陈述。

政策背景——中国具备发展智慧物流的良好土壤

党的二十大报告提出，建设现代化产业体系，坚持把发展经济的着力点放在实体经济上，推进新型工业化，加快建设制造强国、质量强园、交通强国、网络强国、数字中国。

《新能源汽车产业发展规划（2021—2035年）》也对动力车提出了相应的要求。

行业痛点——亟须安全、低成本、高效的自动驾驶卡车技术方案

行车安全问题，运输效率较低。

行业现状——以国内大循环为主体，抓住“一带一路”机会

2022年卡车销量高达428.8万辆，市值约305.98亿元。自动驾驶卡车是汽车产业未来发展方向，未来市场前景广阔。

研发历程——一步一个脚印，将构想变为现实

项目开发研讨会（2021年3月）→雷达等零部件采购（2021年6月）→数据分析（2022年1月）→算法优化（2022年3月）→系统装车测试（2022年6月）→实地测试（2022年7月）→自动驾驶卡车系统应用（2022年11月）。

解决方案

智慧物流自动驾驶卡车系统技术方案

[智能网联系统→高精度智能决策算法] ⇒ [实时动态规划→全线控智能控制系统]

①攻克定位精度低的难题

核心技术 1：融合 5G+BDS（北斗卫星导航系统）技术的车路云一体化组合定位系统

【BDS+SLAM（定位与地图构建）+INS（惯性导航系统）系统】VS【GPS（全球定位系统）+INS 系统】⇒定位精度同比高 15cm

复杂场景可靠同比高 5%

【BDS+SLAM+INS 系统】VS【超宽带系统】⇒定位精度同比高 18cm

复杂场景可靠同比高 7%

通过多平台信息交互，攻克了定位精度低的难题，实现高精度定位，提高了复杂场景下的可靠度，并取得相应的专利及论文 3 项。

②解决运输效率低的难题

核心技术 2：融合 TJP（交通拥堵自动驾驶）+HWP（高速路自动驾驶）+AVP（无人自主泊车）技术的行泊一体化智能规划系统

采用［基于人工势场和动态时间窗的轨迹规划］和［基于深度强化学习的智能决策算法］

【人工势场和动态时间窗】VS【APF 算法】⇒规划路径同比减少 2%

规划时间减少 0.92s

【深度强化学习的智能决策算法】VS【粒子群算法】⇒决策可行度同比提高 33%

决策效率同比提高 12%

提高了决策效率，减少了时间，同时取得相应的专利及论文 3 项，学生均为一作。

③解决行车安全的难题

核心技术 3：融合 DBW（线控驱动技术）+SBW（线控转向）+BBW（线控制动技术）技术的全线控一体化智能控制系统

创新性地提出了［基于线性时变模型预测控制+五次多项式曲线控制算法］。

【基于线性时变模型预测控制+五次多项式曲线】VS【动态矩阵预测控制】

⇒制动减速度提高 $0.5m/s^2$

制动响应时间缩短 0.3s

【基于线性时变模型预测控制+五次多项式曲线】VS【广义预测控制算法】

⇒制动减速度提高 $0.6m/s^2$

制动响应时间缩短 0.38s

与传统的控制算法相比，制动响应更快，可靠性更高，并取得相应的专利及论文 8 项，其中论文为 SCI 一区 TOP，均为学生一作。

行业壁垒——团队成员发表多篇专利及软著

团队核心成员发表高水平论文 3 篇，授权专利共 10 余项。

产品介绍——优秀的团队打造优秀的产品

产品形式：T-BOX

将自动驾驶技术与 ADAS 技术赋能 T-BOX 可实现以下功能：

· 远程车辆控制，自动驾驶路径配送规划

· 远程监控，车辆故障系统自诊断，车辆状态显示

· 安防服务功能，车辆异动自动报警，车辆异常信息远程自动上传等服务

竞品分析（图 10-2）

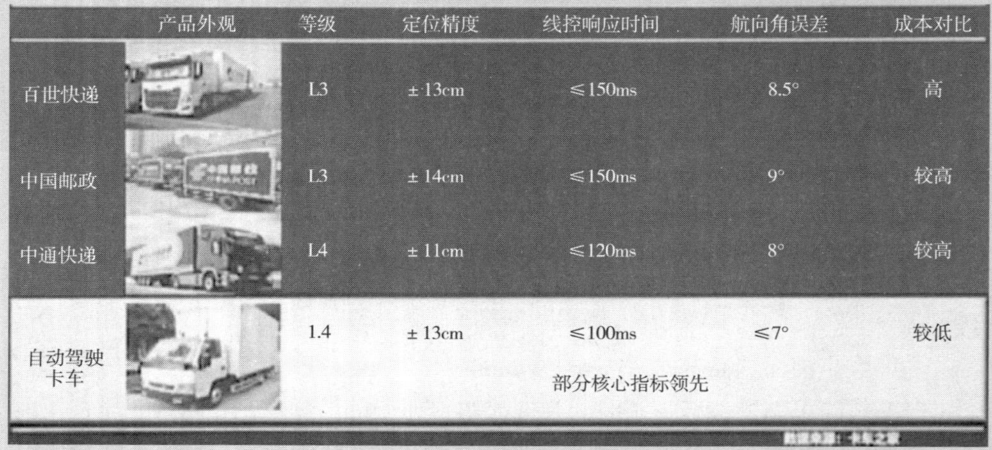

	产品外观	等级	定位精度	线控响应时间	航向角误差	成本对比
百世快递		L3	± 13cm	≤150ms	8.5°	高
中国邮政		L3	± 14cm	≤150ms	9°	较高
中通快递		L4	± 11cm	≤120ms	8°	较高
自动驾驶卡车		1.4	± 13cm	≤100ms	≤7°	较低

部分核心指标领先

数据来源：卡车之家

图 10-2　竞品分析

市场分析——头部企业实力强劲，地区效应孕育新机

分析了我国不同地区卡车销量占比，我国卡车市场竞争加剧，经济发达地区需求量大。

商业模式——携手共进，前装+后装直销，实现多方共赢

营销模式——财务可靠预测，5 年后累计营业额预计突破 1 亿元

产品试用 1——路测

实景路测表明：卡车系统

产品试用 2——路测

经过测试任务，卡车运行系统稳定

专家推荐——一流专家推荐

企业认可——与知名企业达成合作意向

社会价值——带动就业，促进生产，积极推动智能卡车行业发展

①科技进步：支持自动驾驶技术发展并支持自动驾驶卡车落地；支持自动驾驶车节能降本同时带动自动驾驶卡车智慧物流产业发展。

②经济发展：支撑自动驾驶卡车产业降本 20 多亿元；直接创造社会价值超 10 亿元。

③促进就业：直接带动就业 20 余人，间接带动就业超 1200 人；已毕业团队自主创业 5 人，就业 134 人。

④教育维度：产学研协助培养硕士 50 人、博士 5 人，为企业输送优秀人才 30 余人；培养我国自动驾驶专业技术人才 50 人次。

——依托学校平台共建创新实践

拥有国家级、省级、市级实验平台，为项目输送人才，提供强大助力。

——依托学校平台提供实践条件

导师给予团队专业实践向导，培养行业人才 100 余人次。

——学以致用、产教融合、创业实践

学以致用⇒团队或团员攻坚克难，开拓创新，解决驾驶系统规划、控制等高难度问题。成功打造出一款高精度、高稳定、高效率的自动驾驶卡车系统。

产教融合⇒团队自主研发的自动驾驶卡车系统成功应用于卡车产品，并且进行多种路况测试，性能表现优秀。

创业实践⇒团队项目前景良好，与多家企业达成购买意向合同，拟 2023 年底注册成立公司。

——格物致知、砥砺科研、交叉学科

团队成员前后经历近 6 个月的实地实车调试，团队成员依托项目获得多项专利及论文，多学科融合交流加强团队协作能力。

未来规划——稳扎稳打，五年内行业领军水平。

以上为国赛路演 PPT 模板，每一页包含项目的核心内容，短小精悍，5 分钟的路演给评委留下了深刻的印象。欲准备比赛的同学可以参照模板，并根据各自的项目特色加入相应元素，打造自己独特的项目展示。

3. 案例三：芯柔绘脑——脑中风健康监测（医疗类）

（1）产品背景：脑中风是一种严重的脑损伤疾病，中国发病人数占据了全球接近一半的比例。目前对于中风的诊断还存在一些问题，现有的诊断方法如 IM 和电

子计算机断层扫描（CT）等，一半都为患者发病后的检查，同时考虑到安全性和价格等方面，不适合频繁进行，因此无法实现预防性诊断。然而对于中风这样一种发病和恶化极其迅速的疾病，如果不能实现预防性诊断，那么大部分人的第一次发病都有可能成为最后一次发病。前期调研发现，脑电信号的波动在一定程度上可以预测中风疾病的发生，且前期预兆时间一般为 3 天左右（因人而异），于是顺着思路思考，能不能做出一种面向家用场景，针对中风疾病进行健康监测的设备，通过分析脑电中便于实现轻量化采集的指标，来预测中风发病的可能。近年来，国家对于脑科学研究的支持日益增加，“十三五”规划时期，我国就已经出台了 15 年的“中国脑计划”，与此同时，也看到了脑电分析设备日益增长的市场规模。因此，为了抓住升级，为了打破垄断，为了人民健康，突破这些技术壁垒迫在眉睫。

（2）存在痛点：①非侵入式的脑电信号采集困难。②脑电信号极其微弱。③任何细微的环境干扰，都会对信号质量产生很大影响。

（3）解决方案：①自主研发设计的贴合人体皮肤表面的柔性电极和传感器件极大优化了电极触感，也最大化保证了原始信号的质量。②研发了一种人体生理电信号增益设备，能够有效去除干扰并放大信号波形特征。③用人工智能（AI）计算模型映射出发病概率，模型准确率超过 90%。第一代中风脑采集分析一体化设备由此产生，用户只需将其佩戴于头皮表面，等待一段时间，终端即可直接显示 3 天内突发中风的概率。简单友好，便于操作。④产品硬件部分的核心技术指标，历经千余次测试，已获得相关部门的检测认证，相较于国外公司亲友产品而言，在各项指标上均有突破。在不久的将来，其应用场景将扩展到各类精神类和心理疾病的评估。

上述案例直击医学临床痛点，项目着眼有的放矢，借助学校、老师课题组的科研平台完善项目，突破创新，勇夺佳绩。

4. 案例四：密湾科技（国防科技类）

（1）产品背景：党的二十大报告再次做出“加快建设海洋强国”重大部署，以习近平同志为核心的党中央高度重视海洋强国建设和海洋事业发展。

船舶长时间浸泡在海水里，若不及时清洗，轻则腐蚀船体，降低航行性能；重则导致设备故障，从而引发重大隐患。据中国科学院南海海洋研究所研究表明，船体入水 24 小时，水生生物生成菌便会附着生长，为确保船舶能够正常行驶，控制成本，降低损耗，定期清理水下生物成为必不可少的无奈之举。当前我国船舶数量为 4. 5 万艘左右，总吨位达到 2. 5 亿吨，随着船舶业的迅猛发展，水下清洗行业应运而生。在水下清洗行业中，海洋工程清洗占据了 60%以上的市场份额，属于我国第一大清洗领域。从传统的清洗处理方法来看，大多采用机器清洗、化学清洗、气动清洗等传统清洗方式，由于水下作业环境复杂，人力物力投入大，为此团队研发了密湾一号，这是一种搭载空化射流双盘清洗系统的水下清洗机器人，期间作业人员只需远程操控，不需要下水作业，可弥补清洗技术上的不足。

（2）核心突破：一是打破了传统的化学、机械、气动清洗。二是打破了安全系数低、环保标准低、效率效果低等现实壁垒。

（3）核心技术：①将空化射流双盘清洗系统应用到水下清洁。成功研发了空化射流双盘清洗系统，从网箱到船舶、从海港码头到海上平台、从军工企业到核电战场都可以使用它进行水下清洗，利用空化射流技术产生强大剥蚀能力除垢同时引发局部的高压、高温，有效清除各类生成菌，且不会对海洋环境造成任何污染。团队致力于应用创新的清洁方式实现精细除污，将一款综合类的水下清洗机器人带入现实。②光纤北斗通信技术保密应用。同时还应用光纤北斗通信技术，完成整机控制应用的发送和远程信息的获取。在扎根民用传播的基础上立足国防安全，在得到军队专家认可的前提下，提升军用船舶性能，助推国家海防发展，积极地寻求军事领域合作，项目获得了专家认可。产品相较于其他国家成功达到了下潜身质量轻、成本低等目的，还达到了清洗效率高、使用年限长的效果，清洗效率提高15%。本项目在多个企业签订战略合作协议，并成功完成了技术上的转化。

（4）商业模式：目前采用租赁和销售两种模式。通过直销终端客户和代理商两种方式开展营销推广。在未来会构建市场合作产业联盟，将水下机扩展到市场新应用场景。

（5）股权结构：公司预计今年年底成立。目前收到企业投资意向共420万元。

（6）财务分析：预计2024年实现千万营收。2026年营收突破2亿元。

（7）教育维度：2013年，我国发布《中国武装力量的多样化运月》白皮书，提到凝心聚力，笃行不怠，永立潮头，向海图强，不断强化忧患意识、使命意识、责任意识，捍卫蓝色江山，实现强国梦。

（8）社会价值：①引领就业，每年培养海洋技术人才千余人。②提供就业岗位，为企业解决产业难题并达成合作，可提供就业岗位300人。③建立就业实践基地，与学校创新建立人才合作培训就业实践基地。④保护海洋生态文明，代替传统化学清洗，降低海洋环境污染。⑤搭建就业实践基地，践行专创深度融合人才培养，彰显应用型大学办学特色。

（9）发展规划：①夯实技术，开拓市场。2024年以空化射流技术为核心，打造高质量高水平的水下清洗机器人。打开钦州港、防城港等四个港口进行销售试点。初步确立长期合作伙伴，建立品牌。②深耕技术，抢占市场。2025—2026年，技术上加大对物联网技术和智能AI技术的投入，将人工控制技术逐步转变为“智能灵动”的无人控制。③深耕技术，渗透市场。2027—2029年，打造完全智能化的水下清洗机器人，使其具备图像识别技术并赋予其思维逻辑，让海下清洗机器人成为船舶必不可少的装备，建立产业联盟，渗透全国市场。

上述案例以国防科技强国为背景，在项目陈述过程中植入家国情怀。目前很多项目都有军用转民用的潜力，因此可以大面积打开市场，市场容量巨大，只要找好切入点，就能够打造完美的项目，成功入围国赛。

第十一章　创新创业项目实践指南

第一节　背景及政策

在经济转型升级和创新驱动发展的背景下，创新创业已经成为时代的主题和国家的战略决策。大学生是“大众创业、万众创新”的主力军。高校创新创业教育的水平和成效不仅关乎高等教育的发展和人才培养质量的提高，更关乎国家战略目标的实现。

“互联网+”行动计划重点促进以移动互联网、云计算、大数据、物联网、人工智能等为代表的新一代信息技术与教育、医疗、制造、能源、服务、农业等领域的融合创新，发展壮大新兴业态，打造新的产业增长点。“互联网+”时代下，大学生创新创业教育模式已经成为我国高等教育改革的一个重要策略。关于大学生创新创业，政府提供了一系列扶持政策。

大学生自主创业的市场主体类型多样，包括个体工商户、个体独资企业、有限责任公司、合伙企业和农民专业合作社。在创业优惠政策方面，政府采取了以下措施。

（1）税收优惠政策：持有人社部门核发的《就业创业证》的高校毕业生，在毕业年度内创办个体工商户或个人独资企业的，可享受三年内每户每年 8000 元为限额的税收优惠，涵盖营业税、城市维护建设税、教育费附加和个人所得税。对于创办的小型微利企业，也可享受国家相关税收支持政策。

（2）创业担保贷款和贴息政策：符合条件的大学生自主创业者可按规定在创业地申请创业担保贷款，贷款额度为 10 万元。金融机构将结合风险分担情况，合理确定贷款利率水平。对于个人发放的创业担保贷款，在贷款基础利率上上浮 3 个百分点以内的部分，由财政给予贴息支持。

（3）免收相关行政事业性收费：毕业两年内的普通高校学生在工商部门首次注册登记个体工商户或从事个体经营（除国家限定行业外）的，自注册登记之日起三年内，可免收管理类、登记类和证照类等有关行政事业性收费。

（4）社会保险补贴政策：对于大学生创办的小微企业招用的毕业年度高校毕业生，如签订一年以上劳动合同并缴纳社会保险费的，将给予一年的社会保险补贴。

以上政策措施旨在鼓励和支持大学生创新创业，促进就业和经济发展。

第二节　建立实体企业

一、新企业名称的设计

根据《个体工商户名称登记管理办法》的规定，设计企业名称应遵循一定的规范和原则。以下是一些可行的命名方式。

（1）借助自然景观的名称，如长江企业集团有限公司、泰山集团股份有限公司等，以体现企业的稳健和长远发展。

（2）采用广为人知且深受喜爱的动植物名称，如南京熊猫电子股份有限公司、春兰（集团）公司等，以增强企业的亲和力和品牌形象。

（3）借鉴历史人物的知名度，如“希尔顿酒店”“曹操出行”等，以提升企业的社会认可度和文化底蕴。

（4）沿用古代商号的命名方式，如源丰票号、大庆元票号、福康钱庄、李锦记等，以赋予企业一种历史感和传统美感。

（5）使用经营者本人的名字作为企业名称，如“裕昌烧鸡”，有助于塑造企业的个性化和专业化形象。

（6）引用典故、诗词、历史轶闻等元素，如北京的“都一处”烧麦馆，以表现企业的文化内涵和艺术品位。

（7）采用外文谐音命名，如“雅戈尔”便是“Younger”（年轻的、青春的）的谐音，有助于增强企业的国际化形象和吸引力。

（8）以丑极生美的辩证美学思想命名，如天津的“狗不理”包子铺，通过独特的命名方式吸引消费者的注意力和好奇心。

以上命名方式均符合《个体工商户名称登记管理办法》的规定，并有助于塑造企业的品牌形象和文化内涵。在实际操作中，应根据企业的特点和市场需求，选择最合适的命名方式。

二、选择法律组织形式

企业的法律组织形式对其行为所适用的法律及所承担的责任具有决定性影响。根据财产的组织形式和法律责任的不同，企业法律形式主要包括独资企业、合伙企业和公司制企业。其中，独资企业和合伙企业属于自然人企业，其出资者需承担无限责任；而公司制企业则属于法人企业，其出资者承担的是有限责任。

（一）企业类型概述

根据企业的财产组织形式，企业可划分为个人业主制企业、合伙制企业、合作制企业和公司制企业。本部分将重点阐述个人业主制企业、合伙制企业和公司制企业的相关内容。

1. 个人业主制企业

即由单一资本所有者全资创立并掌控的企业，亦被称为自然人企业。此类企业通常规模较小，经营结构相对单一，内部管理架构简洁明了。企业的所有者身兼数职，既是经营者，又是管理者，需亲自指导生产、组织销售，并对工人及生产过程进行全面监督。个人业主制企业的优势在于设立、转让与关闭流程简便，出资人享有绝对决策权，管理灵活多变。然而，此类企业亦存在显著不足。首先，企业的信用度和资金来源受限，从而制约了其发展速度和规模。其次，企业主需承担无限清偿责任，一旦经营不善，企业主可能需以全部财产，包括家庭财产，来偿还债务，因此经营风险较高。最后，企业的寿命相对有限，往往随着企业主的退出、死亡或家族无人继承而终止，缺乏连续性和稳定性。随着生产社会化的不断发展，尽管个人业主制企业数量众多，但其在国民经济中的地位正逐渐降低。

2. 合伙制企业

合伙制企业，乃由多位自然人资本所有者联合投资、共同拥有及经营之企业形式。其特色如下：首先，合伙人需承担无限连带法律责任；其次，合伙制企业乃典型之人合组织，其中个人所有权（股份）不可自由转让与出售，如遇合伙人逝世或退出，合伙企业可能自动解散或需重组，因此缺乏持续性与长久生命力。相较于个人业主制企业，合伙制企业因多位自然人共同出资，可提升筹资额度及银行贷款获取能力，从而拓展更大规模的生产经营活动。合伙人权责分明，利益攸关，故均有改善企业经营管理的积极性。企业对债务承担无限责任，资产较为充裕，可有效保障债权人利益，提升企业信用。然而，合伙制企业仍存在局限：其资产规模有限；多位合伙人共同参与管理，可能影响决策效率，错失良机；生产经营中易生矛盾，制约企业发展。

3. 公司制企业

公司制企业，乃由两位以上投资人（不论自然人或法人）依法设立，拥有独立法人财产，实行自主经营、自负盈亏之法人实体。相较于个人业主制企业与合伙制企业，公司制企业具有以下显著特征。

其一，公司制企业具备法人资格，于法律上享有独立民事主体地位，于经济上拥有独立财产。股东虽按其投资比例享有相应权益，但不得直接支配其投资部分之财产，亦不得随意撤回投资。公司财产作为一个整体，与股东个人财产相分离，由公司法人行使占有、使用、收益及处分等权利。而个人业主制企业与合伙制企业均属自然人企业，无法人资格，无独立民事主体地位，亦无独立于出资者之财产，出资者须以其个人财产对企业债务负责，并可根据合伙协议规定撤资。

其二，公司制企业（尤以股份有限公司与有限责任公司为代表）实行有限责任制度。公司以其全部财产为限对公司债务承担有限责任，股东则以其出资额为限对公司债务承担有限责任。有限责任制度之确立，不仅降低与分散了投资风险，亦使企业得以更广泛地筹集社会闲散资本，从而在较短时间内创办较大规模之企业。

其三，公司制企业具有独立寿命，可永久存在。一旦确立并获得独立法人地位，公司法人的财产即与股东的自然人财产相分离。无论企业出资人如何变动，股份如何转让，均不影响公司之经营与存在，公司生命具备永久延续之可能性。

其四，公司制企业在不同国家与发展时期呈现不同形式，如无限责任公司、有限责任公司、两合公司、股份两合公司及股份有限公司等。其中，有限责任公司与股份有限公司最为重要。同时，企业可根据不同标准进行分类，如企业组合方式、所有制形式、行业性质、生产经营领域及企业规模等。

（二）企业组织形式选择的关键因素

在选择企业组织形式时，需综合考虑多个因素。首先，企业的业务性质是一个重要考量。对于零售、小餐饮、社区服务等业务，个体工商户通常是较为合适的选择。然而，若涉及生产加工制造或国际贸易等更复杂的业务，有限公司形式则更为适宜。其次，企业的经营范围同样影响组织形式的选择。例如，若专注于汽车清洗或美容服务，个体工商户可能是一个合适的选择。然而，若计划拓展为汽车美容连锁业务，因涉及市场拓展和规范化运营，公司形式将更为合适。再次，企业规模也是决定组织形式的关键因素。通常，小型企业如个体工商户、个人独资企业或合伙企业是较为常见的组织形式。然而，随着企业规模的扩大，如发展为大中型企业，股份有限公司和有限责任公司的组织形式将更为适宜。最后，还需考虑所在行业对于组织形式的法律规定。例如，在我国，律师事务所必须采取合伙制企业形式，而不能选择其他形式。

对于规模较大或涉及复杂业务的企业，建议选择公司形式，以便从一开始就实现规范化运作，从而降低潜在风险。对于规模较小或业务较为简单的企业，可以先从个体工商户或个人独资企业开始，随着业务的发展，再考虑变更为公司形式。

三、企业登记注册办事流程

（一）注册公司

要深入掌握各类法律形态企业的成立步骤、必要条件及应提交的文件，推荐访问当地市场监督管理局的官方网站，以获取详尽且准确的信息（图 11-1）。

自 2016 年 10 月 1 日起，我国注册公司开始实施“五证合一、一照一码”登记制度。在此之前，企业需办理营业执照、组织机构代码证、税务登记证、社保证、统计证等五本证照，涉及五个部门，耗时至少一个月。改革后，仅需三个工作日即可完成联办证照，且所有费用均由财政承担，企业无须支付任何费用。具体办理流程如下。

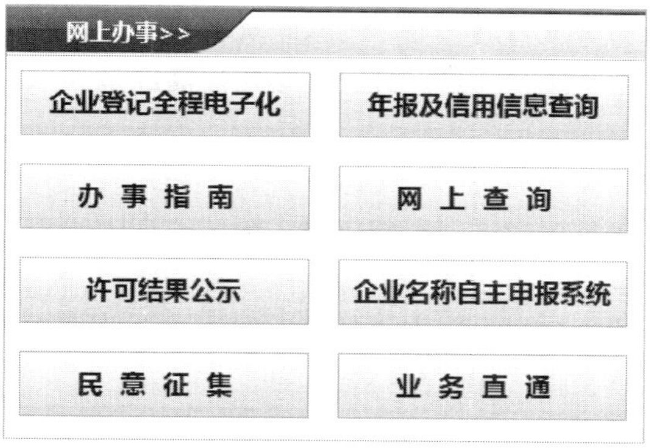

图 11-1　网上办事项目

（1）申请。申请人需通过全流程网上登记系统，填写“五证”联合申请书，并提交相关材料至商事登记部门。商事登记部门将统一受理，实现“一表申请、一门受理”的服务模式。

（2）审核。商事登记部门将对“五证”联合申请材料进行审核。审核通过后，视为同时经过机构代码部门、税务部门、公安部门及社保部门的审核。如产生异议或其他问题，申请人需前往对应主管部门办理相关业务后，再重新提交申请。审核通过后，商事登记部门将共享相关登记信息和办理结果至各部门，实现“一次审核、信息互认”的目标。

（3）领证。经商事登记部门审核通过后，申请人可前往市场和质量监督管理委员会对外窗口领取“五证”，即营业执照、组织机构代码证、税务登记证、刻章许可证和社保登记证，实现“五证同发”。

（4）归档。档案原件由商事登记部门保存，而档案影像将共享至各部门，实现“档案共享”的目标。

（二）开立银行账户

开设银行账户是确立与银行合作关系的基石。在完成营业执照、税务登记证和公章的办理后，即可启动银行账户的开设流程。

1. 开设基本账户

基本账户是存款人进行日常资金转账、结算及现金收付的银行结算账户。企业的日常经营资金往来、工资、奖金及现金的提取均可通过此账户进行。开设基本账户需准备以下文件：①营业执照正本及副本；②税务登记证正本及副本；③组织机构代码证正本及副本；④法人身份证正本及副本；⑤如由他人代理，需携带法人授权书及经办人身份证正本、副本；⑥单位公章、财务章、法人私章。开户时，还需在银行预留财务章和法人章的印鉴，此印鉴需加盖在一张卡片纸上并留存于银行。当企业通过银行进行对外支付时，需填写对外支付申请，并加盖预留印鉴。银行在核对无误后，将依据申请进行支付。开设基本账户需经过人民银行的审批，因此整个流程需要一至两周的时间。

在完成基本账户的开设后，企业可继续开设一般账户。开设一般账户所需文件与基本账户相同，但无须经过人民银行审批，因此办理时间相对较短。

为便于日后的税款缴纳，企业还需设立纳税专用账户。企业可选择以基本账户作为纳税专用账户，或在银行另行开设纳税专用账户。若纳税专用账户与基本账户为同一账户，则需在登记银行账目时分别记录。

2. 关于创业贷款的申请条件

（1）申请者需年满 18 周岁，并持有合法有效的身份证明文件，同时需提供贷款行所在地的合法居住证明，确保有固定的住所或营业场所。

（2）申请者必须持有由工商行政管理机关颁发的营业执照，并具备相应行业的经营许可证，从事合法的生产经营活动。申请者还需具备稳定的收入来源和偿还贷款本息的能力。

（3）为了保障贷款的合理使用，申请者所投资的项目必须已具备一定的自有资金基础。

（4）贷款用途必须符合国家法律法规和银行信贷政策的相关规定，严禁将贷款资金用于股本权益性投资。

（5）申请者需在银行开立结算账户，并确保营业收入通过银行进行结算。商业银行、股份制银行、城市商业银行以及符合条件的城市信用社应积极为自主创业的毕业生提供小额贷款服务，简化贷款程序，提供便利的开户和结算服务。贷款额度一般控制在 2 万元左右。

（三）税收说明

针对大学生创办的企业，提供了以下税收优惠政策：

（1）对于毕业两年内从事个体经营的大学生，自其在工商部门首次注册登记之日起三年内，可以免除登记类、证照类和管理类行政事业性收费。同时，还可以享受为期两年的免费档案挂靠服务。

（2）对于创办高新技术企业、软件生产企业、小型微利企业或从事农林牧渔业等符合现行税法规定条件的大学生创办的企业，均可享受相应的税收优惠。具体来说，若企业被认定为高新技术企业，则企业所得税的税率将减按 15%征收；若创办的是符合条件的小型微利企业，则企业所得税的税率将减按 20%征收。

（3）对于从事特定农业项目的大学生创办的企业，如从事蔬菜、谷物、薯类、油料、豆类、棉花、麻类、糖料、水果、坚果等八大类项目的种植，其所得将免征企业所得税。而从事花卉、茶及其他饮料作物和香料作物的种植，以及海水养殖、内陆养殖等项目的所得，其企业所得税将减半征收。

为了鼓励高校毕业生自主创业，以创业带动就业，财政部、国家税务总局明确规定，自主创业的毕业生从毕业年度起可以享受为期三年的税收减免优惠政策。在校期间创业的大学生可向所在高校申领《高校毕业生自主创业证》，而离校后创业的大学生可凭毕业证书直接向创业地县以上人社部门申请核发《就业失业登记证》，以此作为享受政策的凭证。

请注意，具体的税收优惠政策可能因地区、行业、企业规模等因素而有所不同。因此，建议大学生在创办企业时详细咨询当地税务部门或专业税务机构，以确保获取最准确、最全面的税收优惠政策信息。

参考文献

［1］人力资源和社会保障部职业能力建设司，中国就业培训技术指导中心 . SYB 创办你的企业［M］. 北京：中国劳动社会保障出版社，2004.

［2］彼得 · 德鲁克 . 创新与企业家精神［M］. 蔡文燕，译 . 北京：机械工业出版社，2007.

［3］陈传明 . 管理学［M］. 北京：高等教育出版社，2019.

［4］共青团中央，中华全国青年联合会，国际劳工组织 . 大学生 KAB 创业基础［M］. 修订版 . 北京：高等教育出版社，2007.

［5］邓立治 . 商业计划书：原理与案例分析［M］. 北京：机械工业出版社，2017.

［6］刘平 . 大学生创业基础［M］. 北京：机械工业出版社，2013.

［7］罗伯特 · D. 赫里斯，迈克尔 · P. 彼得斯，迪安 · A. 谢泼德 . 创业管理（原书第 7 版）［M］. 蔡莉，葛宝山，译 . 北京：机械工业出版社，2009.

［8］宋要武 . 大学生创新创业导论［M］. 2 版 . 北京：高等教育出版社，2017.

［9］孙新波 . 项目管理［M］. 北京：机械工业出版社，2010.

［10］武春友 . 创业管理［M］. 北京：高等教育出版社，2008.

［11］杨锡怀，王江 . 企业战略管理——理论与案例［M］. 北京：高等教育出版社，2010.

［12］张玉利 . 创业管理［M］. 2 版 . 北京：机械工业出版社，2011.

［13］张振刚，等 . "挑战杯"中国大学生创业计划竞赛指南［M］. 广州：华南理工大学出版社，2012.